読学人間

寺嶋　良

目次

読学人間

ウォーミングアップ

第1Q

第2Q

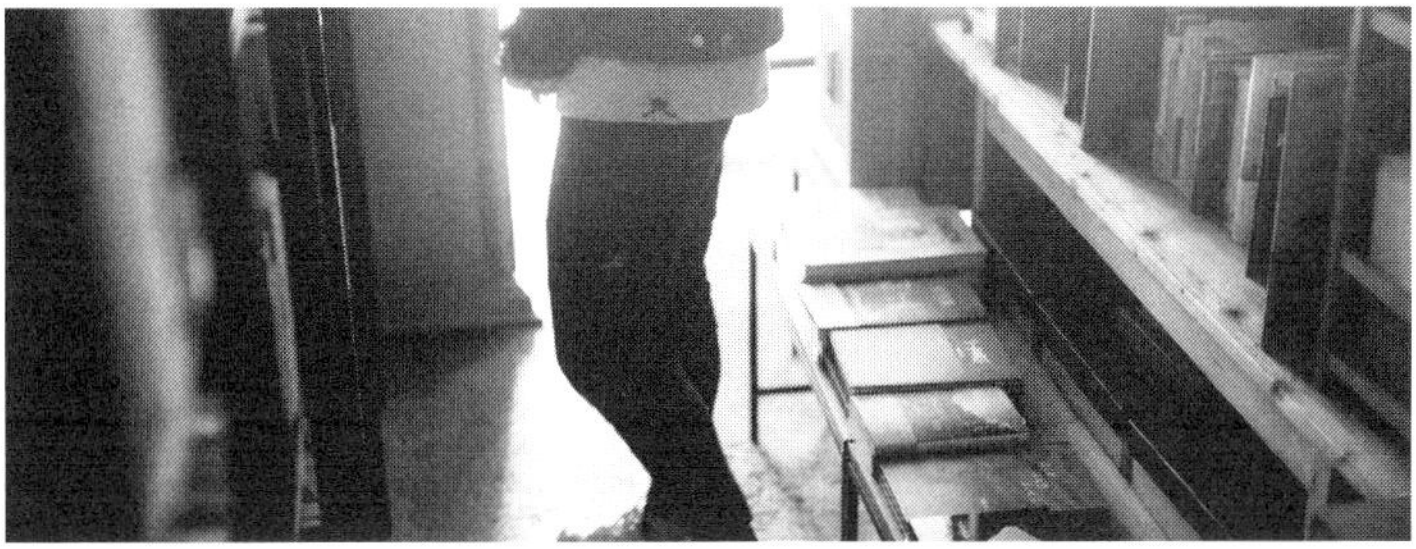

「寺嶋良はなぜ言葉にできるのか」

寺嶋良×ダブドリ編集長 宮本將廣

寺嶋良 *Ryo Terashima*

1997年10月23日生まれ。東京都出身。中学時代に全国大会に出場し、名門の洛南高校へ進学した。その後、東海大学に進学し、4年次はキャプテンとしてチームを牽引した。特別指定選手として、京都ハンナリーズに加入し、2021-22シーズンより広島ドラゴンフライズへ移籍し中心選手として活躍。プライベートでは読書家でオードリー若林正恭氏の大ファン。現在、ダブドリでコラムを執筆している。175cm、77kg。

いつか1冊の本を作りたいと寺嶋良は文章を書き続けてきた。気づけば、積み重ねてきた言葉が1冊の本になろうとしている。その時に思った。「寺嶋良はなぜ言葉にできるのか」寺嶋良の言葉を紡ぐ力の原点を探っていく。

（取材日：2024年8月21日）

「こういう人に届けたいと思って書く時が一番筆が進みますね。」

宮本　プロバスケットボール選手としても5年目になりました。それと並行して、今はさまざまなアウトプットをされています。その中で、寺嶋選手は色んな気づきや感情を言葉にしている。今回、ダブドリで書いてもらったコラムを1冊の本にするにあたってこのインタビューは、「寺嶋良はなぜ言葉にできるのか」をテーマにお話を聞いていきたいと考えました。一緒に本を作っている中で、それをすごく聞いてみたいと思ったんです。ダブドリでコラムを書いてもらって、本当にありがたいことに毎回すごく反響が大きい。そして、そのコラムが一冊の本になろうとしています。それを考えた時に、「寺嶋良はいつから言葉にすることができるようになったんだろうか」という疑問が湧いたんです。本を読んで、感じたことをアウトプットするというのはいつから始めたんですか？

寺嶋　それこそ、しっかりとやり始めたのはダブドリでコラムの連載がスタートしてからだと思います。僕はSNS投稿で自分の想いを伝えることがあまり得意じゃないんですよね。でも、届けたい人にはどうしても届けたいと思うことがありました。内心、そういうきっかけが欲しいと思っていた時に、「ダブドリでコラムを書きませんか？」と連絡をいただいたんです。ダブドリも購入していただいた人だけが読めますし、ｎｏｔｅの有料マガジン「ＹＯＨＡＫＵ─余白─」も始めたんですが、それも購入した方だけが読めるので、本当に届けたい人に届いて、本当に読みたい人が読んでくれると思うんです。長い文章になるとハードルが上がりますけど、僕自身は長い文章を書くことにすごく魅力を感じています。短い文章であれば誰でも読めるし、意図せずに色んなところに届く可能性もあります。ただ、僕としてはそれだと深くは刺さらないんじゃないかなと。長い文章にすることで、忘れられない言葉を届けられると考えているので、長い文章を書きたいと思っていたんです。

宮本　時代的にはショート動画だったり、１４０文字以内で表現する時代になっています。

寺嶋　そうですよね。色んなことを求めるなら、絶対にそっちの方がいいと思います。ショートの方が多くの人の目に触れるし、拡散される確率も高くなると思います。ただ、僕のやり方ではないなっていう感じがあって……。人それぞれ、やり方や届け方があると思うんですけど、僕がたまたま持っていた特性や武器は長い文章を書くことだった。だから、それを活かしたいと考えていました。

宮本　ダブドリでは、２０２２年からコラムの連載をしてもらっています。他にもコラムを書いたり、連載をやったりしていると思うのですが、「書けないなー」みたいなことはないんですか？

寺嶋　「書きたいものを書いていいよ」と言ってもらえれば、割とすんなり書けますね。ただ、自分の中でどこか……。例えば2023－24シーズンにB.LEAGUEで優勝した時は、それについて書いてほしいというお話を結構いただきました。でも、僕は怪我でコートに立てなかった。その中で、「読者はこういうことを求めているよな」と考えてしまって、書く手が止まってしまう時はありましたね。

宮本　お題が明確に、「これを書いてください」ってなると？

寺嶋　そうですね。ケースバイケースですけど、このジャンルで、このタイトルで、こんな感じで書いてくださいと言われると書きやすい場合もあります。でも、一番筆が乗るのは本当に伝えたいことを書かせてもらえる時ですね。誰かひとりだったり、こういう人に届けたいと思って書くときが一番筆が進みますね。

宮本　なるほど。ダブドリで書いてもらったコラムの中で、一番書くのが苦しかったものとスムーズに書くことができたのはどれですか？

寺嶋　スムーズに書くことができたのは朝山さんのコラム（「超新星」126頁）ですね。たくさんの人に朝山さんの魅力を届けたいと思ったんです。あと朝山さんに対するメッセージですよね。後半部分はそれがメインだったんですけど、この2つを書きたいと考えたら、あっという間にかなりの文字数になっていました。あのコラムは本当に明確だったので書きやすかったです。なかなか書けなかったのは怪我をした後のコラムですね（「寄り道」140頁）。あれは結構難しかったです。そのコラムでは3、4冊の本を紹介したんですけど、色んな感情が次々に襲ってきてしまって。怪我をして自分の感情の移り変わりが激しかったので、色んな本が必要になった時期でした。

「自分はその答えが欲しかったんだなと思いました。」

宮本　寺嶋良は物事が上手くいかない時だったり、バスケットボールの試合が終わった後も気持ちを落ち着かせるために本を読む。コラムの写真撮影時に、そんな話をしてくれました。2023-24シーズンに、プロキャリアで初めて大きな怪我をしました。た。それと向き合う時もやっぱり本を読んだんだろうなと想像しています。間違いなく気持ちが大きく揺れる中で、その時の自分に合う1冊はパッと見つけられたんですか？

寺嶋　あー、そうですね。怪我をした直後は、本当にこの感情を言葉にできないというか……。自分の感情に霧がかかっているみたいで、モヤモヤしていましたね。その霧の形が見えれば、自分の中でどう消化していくかっていう手順を踏めるんですけど、それが最初はできませんでした。だからこそたくさんの本を読んで、今の気持ちにぴったりな文章を探しましたね。入院期間は時間もあったので、特に本を読みました。

宮本　その中で、一番最初に手に取った本はなんだったんですか？

寺嶋　一番最初に取ったのは、『I'LL SHOW YOU デリック・ローズ自伝』（株式会社ダブドリ）でした。なんとなくこれがその時の自分に一番近いのかなって思いました。プロスポーツ選手であり、膝の怪我も自分に重なる。ＮＢＡのトッププレーヤーなのでカテゴリーは全然違いますけど、似たような感情を抱いていたのかもしれないと思いました。初めてあの本を読んだ時は何気なく読み進めたところに、怪我と向き合うための答えが書いてあるのかもしれない。結果的には、この本をきっかけに色んな本から色んな考え方や答えを見つけることができました。

宮本　確かにデリック・ローズは度重なる膝の大怪我（前十字靭帯断裂と半月板断裂など）から復帰を果たして、多くのファンの心を掴みました。同じバスケットボール選手だからこそ、その瞬間の自分に一番近しい1冊がこれだった？

寺嶋　そうですね。あまり関係のないところから、何かを結びつけたり、見つけたりするのではなく、本当に直接的な答えになるものを探していたっていう感じです。そのおかげで少し霧の形がわかってきた。そこからは小説だったり、色んな本から文章を引っ張ってきました。どこかから電線を引っ張ってきて、自分に繋げるみたいな……。そんな感じの日々でしたね。

宮本　ものによってはちょっと無理はあるけど……。

寺嶋　そうですね。ちょっと無理があって

も、「あー、繋がったわ」って感じがあったり、「絶対に繋がらないだろう」ってものも引っ張ってきて、繋げたりしましたね。

宮本　その霧がしっかりと晴れたのはいつぐらいだったんですか？

寺嶋　入院してデリック・ローズ自伝を読んだ後に、お見舞いに来てくれた人が本をくれたんです。その本を読んで、「この怪我は自分次第でどうにでもできる。いい方向に持っていくことだってできるんだ」って気づいたんです。自分はその答えが欲しかったんだなと思いました。そこからはすぐに前を向けてましたね。

「最近はアウトプットをするためにインプットをしているところはあります。」

宮本　寺嶋良は、怪我をしてからnoteで有料マガジンの「YOHAKU—余白—」を書き続けています。「なぜ寺嶋良は言葉にできるのか」というテーマに戻りたいのですが、人によっては本を読むけど、全く書けないという人もいるはずです。その中で寺嶋良はインプット（読書）とアウトプット（執筆）をどう考えているんですか？

寺嶋　最近はアウトプットをするためにインプットをしているところはあります。今までにたくさんのことをインプットしてきました。それをただただ溜め込んで、アウトプットする機会をもらえたからアウトプットをし始めた。怪我をしてから「YOHAKU—余白—」を始めて、1000文字ぐらいの文章を100日連続で書いたんです。結果的にアウトプットするための貯金がなくなってしまって、そこからはよりインプットを始めましたね。

宮本　インプットとアウトプットのバランスが変わったことによって、読む本が変わったり、自分の視点を変えてみようみたいなタイミングはあったんですか？

寺嶋　気持ちのどこかで一貫性を持ちたいと思っているんです。ただ、それが難しいということも感じました。人だから変化するのは当然だと思うんですよね。ひとつのことを書きすぎてしまうと、どこかから「ちょっと違うな」ってなったりするんですよ。違う島に行きたいっていうか（笑）。この場所ではもうやり尽くしてしまったから、視点を変えたいなって思う時がたまにありますね。

宮本　旅に似ているんですかね。似た国を回るのもいいけど、毎年似た場所では少し飽きてしまうから、全然違う国に行ってみようみたいな。

寺嶋　そうかもしれないです。ヨーロッパが好きなんだけど、もう十分かなって思って急にモンゴルに行ってみたいって思ったり（笑）。でも、それをきっかけにまたヨーロッパの違う魅力を知ることができる。

宮本　なるほど。今まで読んだ本の中で、印象に残っているものだったり、その時の自分には一番意外だったものってパッと思いつきますか？

寺嶋　うーん、なんだろうな……（笑）。恋愛小説ですかね。色んな本を読みますけど、傾向として恋愛小説はあまり読んできませんでした。ただ、恋愛小説でありながら、命に関わるテーマの小説を読んだ時期があって。たとえば、『Little D』小さな恋の物語』（ポプラ社）という小説があるんですけど、簡単に言うと子供の恋愛小説みたいな感じなんです。子供が病気で入院していて、病院内での小さな恋愛、命に関わった恋愛を描いているんです。バスケットボールは全く関係ないし、自分が得られるものってあるのかなーって思いながら手に取ったんですけど、色んなことに気づかせてもらった1冊でした。

タイトルからすべて変えて書き直すことも、何度かありましたね。

宮本　素朴な疑問なんですが、ダブドリのコラムを書くにあたってはどういう手順だったり、イメージを膨らませて書いているんですか？

寺嶋　大きく分けると2パターンですね。書きたいことや伝えたいことがあって、それを決めてから自分の部屋の本棚を眺めて、伝えたいことをうまく表現できるような一節を探すパターンと、すごく魅力的な言葉があって、それをより多くの方に届けられるように自分の経験を思い出すパターンがあります。自分の家の本棚以外にも、広島のカフェに自分の本棚を作ってもらっているのですが、そこで探すこともあります。

宮本　どちらのパターンでも、書くことが決まったらもう一度その本を読むんですか？

寺嶋　読みますね。再読すると、他の部分にも発見があります。これだっていう文章が、1冊に2つあると一番書きやすいんです。2つの文章を見つけられたら、1つの文章に対して2000文字程度の文章を書いて、4500字ぐらいになります（ダブドリのコラムは毎回4500字〜5000字程度）。それでオッケーとなることもあるし、「あの本のあの文章も関連するな」と思って、そこに繋がるような言葉を違う本から引っ張ることもありますね。

宮本 確かに。本を何冊か取り上げている時もありますもんね。

寺嶋 そうですね。ジャンルが違っても、思っている以上に共通してる部分が多いと思います。全く違うテーマの本でも、著者の伝えたい想いが同じだったり、目的地が似たようなところに向かっていくことがよくあります。だから2、3冊の本から1つのコラムを書くことも多いです。

宮本 コラムの提出がいつも早くてすごく助かっているんですが（笑）、出来上がってから少し時間を置いて、見直したりするんですか？

寺嶋 大体の場合は、締め切りを聞いてから一回バッと書きますね。ダブドリさんは、連絡をもらってから1ヶ月半後ぐらいが締め切りじゃないですか。だから仰るように書き終わった後、ちょっと時間を置くんです。そこから締め切りの1、2週間前になって、もう一回見直してみて、「全然書きたいことが違ったじゃん」と思って、全部消したりとかもあります（笑）。

宮本 それは時間が経っている間に自分の考えに何か変化があったり、客観的に見た時に、「ちょっと違うな」となったり？

寺嶋 両方ですね。時間が経つと、かなり客観的になるじゃないですか。それで、

「伝えたいことと全然違うぞ」みたいな（笑）。「これは本心じゃないな。ただ綺麗事を言ってるだけだ」って思ったり（笑）。そうなると全て消して書き直します。２週間の間に、「今回書きたいのはこれだったんだ」と思って、タイトルからすべて変えて書き直すことも、何度かありましたね。

宮本　Mr.Childrenの桜井和寿さんが、昔何かのインタビューで、「名曲だと思って、朝起きたら違ったって気づいた」みたいな話をしていた記憶がありますけど、それに似てますね（笑）。

寺嶋・宮本　ハハハハハ！

寺嶋　朝山さんについて書いたコラムの時も、「あ、そろそろダブドリの締め切りを言い渡されるのかな」と思って、連絡をもらう前に書き始めていたんですよ。その後に朝山さんとの対談が決まって、「構成的に朝山さんとの対談の後にコラムを置きたいんです」と言ってくれたじゃないですか。結果的に、今回はこれを書きたいと思って、書いておいたコラムはもう違うなってなりました（笑）。なので、対談が終わってからコラムを書き直しましたね。

宮本　えー！　じゃあ、元々書いていたコラムはまだ世に出していない？

寺嶋　出していないんですけど、僕の中ではその時がタイミング的に良かったなって思うんですよ。

宮本　なるほど。朝山さんとの対談なしのダブドリで出すのが、いいタイミングだったと。

寺嶋　そうですね。ただ、あの時は朝山さんについてのコラムを書くことが間違いなくベストでした。例えば、それを今から出そうとしても、僕としては全然タイミングが違うというか。当時読んだら面白かったかもしれないですけど、今は違うなって。

宮本　そういうものが再調理されて、どこかで世に出したことはあるんですか？

寺嶋　『大富豪からの手紙』（ダイヤモンド社）をテーマにしたコラムはそういうニュアンスがありますね。あ、この書籍で初登場するコラムなんですけど。

寺嶋・宮本　ハハハハハ！

寺嶋　ネタバレになっちゃったな（笑）。でも、いつかタイミングを見て、世に出したいと思っていたら、今回まさにそのタイミングをいただけたので、ぜひ楽しんでもらえたらと思います。

宮本　個人的には朝山さんとの対談、そしてコラムはすごく印象的でした。僕もそう思っていたし、寺嶋選手からも「朝山さんのインタビューの後ろにコラムを置いてください」と連絡をもらいましたけど、構成はそれ以外考えられなかった中で、相談せずにお互いがそうしたいと思っていたことが嬉しかったです。

寺嶋　あのコラムはすごく書きやすかったですね。伏線をいっぱい張れました。あのコラムの時は、他にも色々とお願いしたじゃないですか。それまではカメラマンさん（本永創太）が撮ってくれた写真でデザインをしてもらっていましたけど、「どうしてもこの写真を最後に使ってほしい」とお願いさせてもらいました。僕の中でも色々とこだわりがあって、僕が日本代表の時に背負っていたのは20番。あの写真は2と0

で並んでいる。そういう伏線を敷いたりとか。コラムには、ノヴァとスーパーノヴァというワードを使いました。広島ドラゴンフライズのスポンサーがNOVAさんなんです。そこも絡めることができたりしました。それを全部書くことは、コラムの4500字じゃ無理なんですよね。だけど、コラムの前に対談があったことで、朝山さんとの関係性を読者に知ってもらえたからこそ、僕のコラムでその伏線回収ができました。対談がなければ、あそこまで伏線を張れなかっただろうし、それを回収する文章は作れなかったと思うので、あの構成は完璧でした。書いていて、僕もものすごく楽しかったですね。「いくらでも書けるな」って（笑）。

「自分も1冊の本と言えるような人間になりたいですね。」

宮本　ある意味で、この本にも色んな伏線を張っているんだなと感じています。この本を作るにあたって、大学時代の恩師の陸川章監督（東海大学男子バスケットボール部）と対談をしてもらいました。どうでしたか？

寺嶋　まずは楽しかったっていうのが一番ですね。やっぱり陸さんは教え子にとっては監督ですけど、本当にお父さんみたいな存在です。実家に帰ってきたような雰囲気で話すことができて、すごく楽しかったです。

宮本　陸川監督とも読書の楽しさやそれをどう伝えていくかを話してもらいました。

改めて、陸川監督から学んだことや、得た気づきなどはありましたか？

寺嶋　ダブドリの連載もそうですけど、僕のコラムの原型は、大学時代の陸川ゼミがスタートだったんだなと思いました。当時、本の一節から自分が何を感じたか、どう考えたかをアウトプットするという課題があったんです。本から得る気づき、得られる学びを教えてくれたひとつのきっかけが陸川ゼミでしたし、それが今に繋がっているんだなと対談をさせてもらってすごく思いました。

宮本　朝山さんもそうですし、陸川監督もその人間性や語りかけてくれる言葉の全てが学びの宝庫で、存在自体が1冊の本のようじゃないですか。

寺嶋　本当にそうですね。

宮本　寺嶋良を1冊の本と考えると、まだその本は出来上がってない状態。いま書いてる最中だと思いますけど、27歳の今はその本の何ページ目ぐらいですか？

寺嶋　それこそまだ27ページぐらいじゃないですかね（笑）。まだまだ薄っぺらくて誰にも読んでもらえないと思います。でも、今がその序章に過ぎないからこそ、ここから色んなことを学んでいって、自分も1冊の本と言えるような人間になりたいですね。

はじめに

まずは本書を手に取ってくださった皆様、誠にありがとうございます。

ずっと本を書くのがひとつの夢でした。

いつか、有名なスポーツ選手になって自伝を書いてやろうと本気で思っていました。

しかし気づくと自伝ではなくてコラム集を出版することが決まりました。

自伝にはその人物の堂々たる生き様や感動的な過去など、読者の心を動かしてしまうような魅力があります。

このコラム本にも読者の心を動かしたいという強い思いが込められています。

それは、

「読書離れを抑制したい」

という強い思いです。

僕は両親が読書好きだったこともあり、年々読書が好きになりました。中学生や高校生の時は授業や部活動などでなかなか時間をうまく使えずに読書ができていませんでしたが、今では年間100冊ほどの本を読むようになりました。そんな僕にとって、本屋はかけがえのない場所です。

しかし、年々読書離れによって本屋は街から少なくなっていき、せっかく本屋から徒歩2分のマンションに引っ越したのにその本屋も無くなってしまいました。

悔しさのあまり、また本屋の近いマンションを探して引っ越そうかとも考えました。

本屋の減少は読書離れが原因だと知り、少しでも抑制したいと思い、読書の魅力などが伝わるような内容のコラムをバスケ雑誌ダブドリで書き続けました。

すると意外にも読者からの反響があったおかげでなんと書籍化が決まりました。

この本は、コラムの連載が始まったダブドリVol.14からダブドリVol.22までに連載されたものと、この書籍化をするにあたり新たに書き下ろしたコラム、対談が加えられたもので構成されています。

これらの連載コラムは数年にわたり書いてきたものであり、読み返してみると矛盾しているような点がいくつか見つけられましたが、その矛盾こそが、僕の歩んできた過程であり、成長の証です。読みながら小さな成長や変化も楽しんでいただけたらと思います。

本が好きな人も嫌いな人も、僕のことを知っている人も知らない人も、読んでいただいて楽しんでもらいながら少しでも読書の魅力を知っていただけたら幸いです。

ウォーミングアップ

第1Q

第2Q

ハーフタイム

第3Q

第4Q

言葉という武器

言葉を届けられる

「中高生の時の憧れは月刊バスケットボールに掲載されること。プロバスケ選手になってからの憧れはダブドリに掲載されること」

これはB.LEAGUEでプレーをする前から思っていたことです。

広島ドラゴンフライズに入団して半年後、その瞬間は訪れます。

「朱色のユニフォームで掲載されるんだ」

と気持ちは高揚していました。

しかし、想像してもいなかったことに、その依頼内容は「コラムを書いてみませんか?」というものでした。

読書が大好きな僕は昔から「いつか執筆をしてみたい」という夢を持っていたので、その依頼を断る理由など1ミリもありませんでした。

詳しい説明は何一つ聞かずに「やります。やらせてください」と返事をしました。その時はバスケの試合でも経験したことのないような高揚感に包まれていました。

ところが、高揚感が落ち着き始めると次は「あれっ……何を書けばいいのだろう」という深い悩みと不安に駆られ始めます。それもそのはず、執筆経験もほとんど無いですし、プロ2年目（2021-22シーズン当時）の若造がバスケを語るには実力も足りなければ知識だって欠乏していると感じたからです。

それから三日三晩考え続けまして、ついに辿り着いた答えは、何も包み隠さずに僕らしいやり方で「本性」を綴るということでした。

スポーツ選手による執筆の魅力は、いかに文章にその人物の「本性」が生々しく現れるかが重要だと思っています。だから、文章という姿に変貌した僕の考えや思いを、そのまま届けていきたいと思っています。これから綴られていく文章は一語一句が僕から滲み出てきた文章であり、「寺嶋良」による純度100％の執筆です。

このような素晴らしい機会を設けてくださったダブドリさんには本当に感謝しています。

ダブドリを通じて読者に言葉を届けることができる。こんな恵まれたことはないと思っています。

これを機に、少しでも僕のことを知っていただけたら嬉しいですし、誰かの心の支えになれたら本望です。

「僕らしいやり方」

小学1年生からバスケを始めて20年ほどが経ちますが、振り返れば一番の敵は自分自身が作り出している「悩みや葛藤」だと思います。

けれど「悩みや葛藤」を持つことは、慢心過信せずに向上心を持ち続けるためには効果的な面もあります。それは今も変わらずで、これが自分なりの前に進む方法だと知っているので、引退を決意するまではその呪縛からは逃れることができないと思っています。

そんな僕にとっての「進み方」があります。

多くの人には必要のないことかもしれませんので、「こういう人もいるんだな〜」という感じで読んでくれたら、それも1つの読み方として正解です！

ここで、例え話を挟みながら話を進めさせてください。僕の大好きなドラクエで例えます。

先ほど綴ったように、自分の中に「悩みや葛藤」というモンスターが現れて、ストーリーを先へと進ませてくれないことが度々あります。

主人公の勇者が最強の剣を手に入れたとたんにストーリーが簡単に進みはじめる時のように、

アイテムを見つけ、装備したことで強くなったと実感することが僕にもあります。それが僕にとっての読書です。本の中に僕の行く手を阻むモンスターを倒せる武器があるのです。それは一行の文章であったり、一冊を通してだったりと様々です。

みんなにとっての本屋ってなんですか？

静かで落ち着くし、癒しを得られる場所でしょうか。僕にとって本屋は武器屋です。

今戦っているモンスターにも属性というものが存在していて、その属性に一番効果のある武器を本屋に探しにいくようなものですね。

本屋に行く道中の僕の心境はこのような感じです。

「今回のモンスターは強敵だな……うーん」

「多分、あれには自己啓発系だな」

「いや、待てよ……もし効かなかったらどうする？」

「一応、スポーツ選手のエッセイも買っとくか」

みたいな会話を一人でしています。

もし本屋で、僕が10冊ほど抱えてレジに並んでいたのを見た時は、相当手強い敵と戦っているのだと思ってください。

ただ読書が好きで楽しむという用途もありますが、自分の悩み解決、処世術を学ぶ目的もあります。もし共感してくれる方がいたら、一緒に本屋へ武器を探しにいきましょう。戦う時は、もちろん孤独と向き合いながらになるでしょう。けれど、皆さんが抱える敵に勝つためのお手伝いができたら良いなと思っています。

プロバスケ選手としてはまだまだですが、本屋の武器商人としては一人前のつもりです。世の中には、悩みや葛藤があっても、いとも簡単に乗り越えられる人も多いでしょう。しかし僕みたいにたくさんの装備と武器を身に付けないと戦えない人間もいます。そんな人に、言葉という装備と武器を紹介していきたいと思っています。

これが「僕らしいやり方」であり、進み方です。

神は細部に宿る

突然ですが、皆さんは仕事やプライベートでうまくいっていたことが、急にうまくいかなくなることってないですか？

それは環境の変化であったり、もしくは慢心過信による向上心の欠如だったりと、様々な原因によって引き起こされることだと思います。

現代社会で言えば、新型コロナウイルスによる目に見えない脅威は、以前までの自分を変化させてしまう大きな原因になっていると考えます。僕の場合は、職業的にも性格的にも上手くいっていると自覚できる期間を長く継続できない部類に属していると思います。それは長年の悩みでもありました。

そんな悩みに対する処方箋のような言葉に先日出会うことができました。

誰か一人でもこの後の文章を読んで気が楽になったり、「考え方が1つ増えた」と思ってもらえたら嬉しく思います。

僕が山ほど経験してきた中で、今でも鮮明に覚えている事例がいくつかあります。イメージしやすいように、今回は仕事と恋愛について2つのケースをもとに話を進めていこうと思います。

ケース①

まずは仕事。

僕の場合はプロバスケ選手として生計を立てていますので、プレーの調子によって仕事の良し悪しが評価されます。そんな中、昨日まで気持ちよくゴールに吸い込まれるように決まっていたシュートが、突如全く入らなくなったことがありました。その時は筋肉痛も多少あったのでそのせいにしました。

ケース②

そして恋愛。

ダブドリさんは恋愛とかの話が大好物ですからね（笑）。

少しでも長く僕のコラムを連載してもらうためにも、身を削ってプライベートまでも、くまなく綴っていこうと思います。

これは以前お付き合いさせていただいていた女性との話です。

お付き合いしていた方とは毎日のようにＬＩＮＥをしていました。ですが、急にＬＩＮＥが盛り上がらなくなり、楽しさも薄れ、ギクシャクするようになりました。

一体なぜ？　その時の自分には、一切心当たりがありませんでした。


どうでしょうか？

全く同じ事例ではなくとも、なにか似たような経験はないですか？

僕の場合は不思議なことに、仕事とプライベートの上手くいかない時期が、同じタイミングで来ているような気がするんですよね。そしてその因果関係の原因解明はいつもはっきりとしないまま僕の中で迷宮入りとなってしまいます。

そんな中、いつものように家で小説を読んでいると、素敵な言葉に出会います。それは森沢明夫さんの『夏美のホタル』という作品に出てくる言葉です。

この作品はカメラマンを目指す大学生（慎吾）とその彼女（夏美）が夏休みにふと立ち寄った田舎で出会ったお爺さんとお婆さん、そして雲月という名の気難しい男との人間模様が描かれた感動の物語です。作品内で飛び交う言葉たちは、重くて強く、優しさがあって読者の心を包み込み、励まされているような気分になれます。

そして、僕が感銘を受けた言葉は作品に登場してくる仏師、雲月が言った

「神は細部に宿る」

という言葉です。

この言葉の由来には諸説ありますが、ドイツの建築家ミース・ファンデル・ローエが好んで使っていたとされ、神様は細部に宿っているから、細かなことでも疎かにしてはいけないという意味だそうです。

また、「細かい部分までこだわり抜くことで、全体としての完成度が高まる」と、芸術家の中でも多くの人が使っている言葉でもあるということです。

その時はちょうど何事も上手くいかなくて悩み苦しんでいた時期であり、この言葉にハッとさせられた僕は、最近の自分の行動を振り返ることにしました。

ケース①

その時、シュートが入らない原因はシュートフォームにあると考え、フォームを少しいじってしまったこともあり、シュートの確率はさらに落ちていきました。

「大きく何かを変えてしまってはいけない」「何か小さなことを疎かにしていないか」と考えていると、人差し指の爪が割れてしまったことにより、中指よりも短くなってることに気づきました。

僕の場合、最後にボールを離れる指が人差し指と中指の２本であり、同時に離れます。

ですが、その時は爪の状態が悪かったため、人差し指が先に離れてしまっていたのです。

この２本の指には特に気を使ってきたはずでしたが、その時は疎かになっていました。

その後は爪の調整であったり、ケアによって元のシュート感覚に戻ったように思います。

一方、プライベートもちょうど上手くいっていない時期の真っ只中でした（笑）。

ケース②

当時お付き合いしていた女性と、なぜかＬＩＮＥがギクシャクしてしまい、喧嘩をした覚えも無く仲も良好なはずなのに、別れる寸前のカップルのようなＬＩＮＥのやりとりでした。

この時も、「神は細部に宿る」を思い出しＬＩＮＥや自分の言動を振り返りました。

3週間前から僕は急にLINEで絵文字を使わなくなっていました。

皆さんに問いたいのですが、これって「あるある」でしょうか？

毎日LINEをしているせいでめんどくさくなったのか、やりとりから絵文字が無くなっていたんです。するとその1週間後には相手側からも絵文字が消えていました。

「そりゃ、なんかただの報告みたいで暗くなるよな～」とわかり、バレない程度にさりげなく絵文字を増やしていくようにしました。

おかげで相手からも、段々と絵文字が戻ってきました。


まさに「神は絵文字に宿る」。


それからは徐々にLINEも盛り上がりを見せ、暗い感じの雰囲気はなくなりました。

ケース①とケース②を踏まえても、僕たちは気づかぬうちに今までと違う習慣を身につけてしまったり、または飽きて変化を求めてしまう生き物なので、ちょっとした小さな変化にいち早く気づくことが大切だと思います。

試合で連敗し続けると、チームはプレースタイルを変えようと、これまで積み上げてきた物を崩して新しいスタイルを築こうとしがちです。しかし、僕はそんな時こそ練習に対する取り組み方だったり、チームメイトとの意思疎通だったりと、簡単で小さな細かなところに目を向けていくことが、いち早く負の連鎖から抜けられる方法だと思っています。

長々と綴ってきましたが、とにかく、皆さんも爪の長さと絵文字の量には気遣ってみてください。

最後までお読みいただきありがとうございました。

今回は、僕の内面を赤裸々に綴ってみましたが、バスケットをしている時の僕しか知らない方には意外な一面もあったかもしれません。色んな側面を本という武器を通じて皆さんにお届けしていけたらと思っています。

またみなさんと試合会場で、そしてダブドリで出会える日を楽しみにしています。

そして今日も僕は行ってきます。

新しい武器を探しに。


（2022年5月『ダブドリ』Vol.14掲載）

プライベート偏差値30男

夢の本質

前回のダブドリVol.15（「後悔」169頁）ではこれまでの経験を元に「夢」をテーマに書かせてもらい、その時は夢についての本質のようなものを掴めたように感じていました。しかし、それはまだ夢の本質のほんの一部分に過ぎなかったことに気付かされました。

プロスポーツ選手になって「夢」について聞かれる機会は増えたのですが、時に答えるのが難しい質問があります。

夢についての質問を受けるとき、「幼い頃はどんな夢を描いていましたか？」や「夢を叶えるためにどんなことをしてきましたか？」と聞かれることは多いのですが、僕の場合はそれに加えて「夢ってなんだと思いますか？」や「夢はもったほうがいいですかね？」といった少し抽象的な質問が投げかけられることがあります。本質を問われてしまうというのでしょうか。

おそらく、夢を叶えた人として聞いてもらっているのだと思いますが、そこで自問自答がはじまります。


果たして、夢はもった方がいいものなのだろうか？

そもそも夢を叶えることは素晴らしいことなのだろうか？

夢を叶えた人は幸せなのだろうか？


僕はプロバスケットボール選手になれたことで幸せだと思ったことも沢山ありますが、その弊害も沢山あった気がします。

そこで今回も前回に続いて「夢」に軸足を置きながらピボットを踏むように話を展開して、個人の見解ではありますが本質に迫っていこうと思います。

ヨシタケシンスケ展かもしれない

最近ではブースターの差し入れで絵本もいただくようになり、小説やエッセイなどに限らず絵本を手にとる機会も増えてきました。

その中でもヨシタケシンスケさんの描く絵本は、僕のこれまでの絵本に対する価値観を大きく変えてしまうものでした。一つの切り口に対してあらゆる視点から物事を見ていく事によって生まれる文章の巧妙さが、多くの大人にも支持されているのだと思います。

2022年11月に訪ねたひろしま美術館で『ヨシタケシンスケ展かもしれない』という展示会が開催されていました。

展示品や文章の数々はまるでヨシタケさんの頭の中を垣間見れるような空間を作りあげていました。

展示会の出口付近には、ヨシタケさんからお客さんへのメッセージが描かれていました。

その言葉には「将来に思い描いていた自分と今の自分は全然違った。みんなもそうなるかもしれない。それでも素晴らしい未来がきっと待ってるよ」と言うメッセージ性が込められていたように感じました。自由にありのまま生きてたらそれでいいんだよ。って励まされているようでした。

その文章を長い時間眺めながら、自分の人生を振り返って考えていました。

果たして僕はどうだったのだろうか。
良くも悪くも夢に人生を決められてきたかもしれない。それによって色んなことを犠牲にしてきた部分もあったのではないかと。

こんな風に書くと、ネガティブに受け取ってしまう人もいるかもしれないのですが、これは僕にとってよくある思考プロセスです。物事を多方面から見て考えることによって自分なりの納得した答えを導き出そうとする欲求から生まれます。

この思考プロセスは、ヨシタケさんの言葉で言う「納得欲」が強いからだと考えます。詳しく知りたい方はこの後に紹介するヨシタケシンスケさんの『欲が出ました』を読んでみてください。

水平欲

ヨシタケシンスケさんの描いた絵本はこれまでに様々な絵本の賞を受賞しています。
そんなヨシタケさんが書いたスケッチ解説エッセイの『欲が出ました』では、人間の様々な「欲」について考えたことが綴られています。

僕が目を惹かれたのは「水平欲って人間にあるなと思いました」と言う文章。

「当たり前だけど、人は住む時も水平なところに住むことも含め、傾いているのがすごく気になる生き物である」

「人間の絶対的な水平至上主義みたいなのって、なんか面白い」

とも著者は綴っています。

この文章は物理的な面で書いてあるのですが、物理的な面に限らず精神的な面でも水平至上主義の人って多いと思いました。普通でいよう、周りと一緒でいたい、安定している方がいい、という捉え方です。

確かに周りと違うということは面白くもあり、ワクワクもするけど、不安感や緊張感、疲れも伴うかも知れません。

だけど、成長してる時というのは山を登ってる時と似ている気がします。

傾面では不安だし疲れるし転落の可能性もありますが、成長してる時はいつだって少し傾いた場所を登っているはずです。水平欲に負けてしまうと安心安全ではありますが、それでは高い山には登れないのではないかと考えています。

そんなことを考えながらこれまでの人生を振り返ってみると、僕の人生は傾いていることに気づきました。

正確には「偏った」という言葉の方がしっくりくる気がします。

プライベート偏差値30男

僕は兄に言われた言葉で忘れられない言葉があります。それはルーキーとして京都ハンナリーズに入団した時でした。

「お前、パワプロくんのサクセスで例えると、能力値を右ドライブとスピードに間違えて全振りしちゃった選手だよな」という言葉。

「サクセス」は、パワプロくん（実況パワフルプロ野球）という野球ゲームの中で、オリジナル選手を育成することができるモードのことです。

ストーリーを進めながら、練習や試合をこなして、選手を自分好みにスキルや経験値を振り分けながら強化していきます。


まだ、その当時は3ポイントシュートも苦手で左手のドライブなんて中学生レベル（現在は高校レベル）でした。そんなのでよくプロ選手になれたなという皮肉と、そのままではこれから通用しないぞという心配が込められた言葉だったと思います。

ただ僕はこの偏りのおかげでプロになれたとも言えるので、そういう意味では、サクセス成功だったのかもしれません。


問題は、僕は人生というサクセスでも偏りすぎた人間を育ててしまっていたことです。


先程と同様にパワプロくんのサクセスで例えてみます。

100の能力値があったと設定すると、90を「バスケットボール」。10を「その他」に振り分けてしまった人間だったのです。

バスケットボールに出会い、プロ選手になることを夢みてからはバスケのことばかり考えてきました。

放課後は帰宅後バスケットボールを持って外に出て、友達と遊ぶことよりもドリブルの練習。鬼ごっこの人数が足りないからどうしても加わってほしいと言われた時もボールを持ちながら参加。

そんな少年は中学へと上がり、練習がない日も公園や区民体育館で自主練をし、高校の時は月曜日以外は毎日練習の日々。

そしてバスケ漬けの大学生活を4年間過ごしプロ選手となりました。

自分としては恋愛も含む青春を謳歌してきたつもりだったのですが、割合で言うとやっぱり9：1には変わりはありませんでした。

その甲斐あって夢であるバスケ選手にはなることができましたが、弊害として生まれたのがこのバスケ以外「一般以下人間」でした。

またの名を僕はこう呼んでいます。「プライベート偏差値30男」と。

プロ選手になって、連休をもらっても何をしたらいいか分からずに、読書に没頭し気づけば連休終了。

友達にゲームに誘われマリオカートをすれば、コース逆走。

恋愛面でも女心の理解に苦しむ。

広島に来るまでは、ユニクロ以外の服屋に行けなかった。食に関しては今でも、「すき家・丸亀製麺最強説」を唱えている。

みんなが当たり前にできることが僕にはハードルが高い。

僕はこれだけ偏っていても好きなものに出会えたことは幸運だったと思うので、後悔はしていませんが、バスケの能力値（経験値）の振り分け方は偏っても、人生の能力値の振り分けは慎重にしたほうがいいかもしれません。

誰もが何者かには……

テレビ朝日の「激レアさんを連れてきた。」というオードリーの若林さんとアナウンサーの弘中さんがMCを務めるバラエティ番組が大好きで毎週視聴しています。

変わった経歴や過去を持つ人たちがゲストで呼ばれて、その人の激レア体験に迫っていく番組です。激レアさんの多くは「好き」「趣味」を極めた結果、「強み」として考えられない結果を残してしまっている人が多いように思います。

例えばこんな激レアさんがいました。

- 『ドラクエのレベル上げにこだわりすぎて』

　ある回の激レアさんは、ドラゴンクエストのレベル上げのために毎日睡眠時間を削って尽力していた。

　しかし、気づくと寝落ちをしてしまう。寝落ちをしない工夫として、部屋でトレーニングで使われる自転車を漕ぎながらゲームをするようになった。それは毎晩続き、あるきっかけによって彼は自転車レースに出場すると素人ながら大会で優勝してしまう。

- 『サッカーゲームを極めすぎて』

　サッカーゲームで勝つために戦術を考え学びそれを極めた結果、プロサッカーチームの戦術アドバイザーとしてスカウトされ、弱小チームを強くしてしまった。

　自分が意図した形かどうかは別として、自分の好きなことを一生懸命頑張れたら何者かにはなれるということをこの番組から学びました。

　僕はたまたま意図していた通りに夢を叶えたけれど、思ってもみなかった形で夢を叶える人もいます。

共通しているのは自分の好きなことを一生懸命頑張っていたこと。

「夢」を早くに持つことで、人はそこへの最短の道を探そうとします。

僕みたくそれに全振りしてしまう人もいるかもしれませんし、それが決して悪いことだとも思いません。

好きなことや没頭できることを突き詰めて、飽きたらやめる。そしてまた好きなことを見つけて没頭する。

そしたら、いつかその没頭したことが一つの点となり点と点がいつかのタイミングで繋がって線となり、気づいた時に振り返ってみたらそれは必然的だったとわかるのではないか。そんな感じのことを世界でも有名なスマホを売ってる某会社の元社長が言っていました。

正解の選択肢

自分がバスケ選手になっていなかったら何をしていただろうと想像することはあります。だけど、どこまで行っても想像に過ぎなくて、バスケ選手じゃなかった自分の人生と今とを比較することはできないし、どちらが正解かもわかりません。

もっというと、どちらを選択していても正解にできると僕は思います。正解の選択肢を選ぶのではなく、自分が選んだ選択肢をどうやったら自分の人生にとっての正解にしていけるかということが大事。僕にとっては、どんな選択肢を選んでも、登るか落ちるか、崖にしがみついてでも進むような人生の方が生きてる実感が湧いてきます。

これからも自分の中にもきっと存在するはずの水平欲に打ち勝っていきたいと思います。

（2023年2月『ダブドリ』Vol.16掲載）

リトルトゥース

リトルトゥース

2022年の12月、ついに広島ドラゴンフライズの専用練習場である『ドラフラベース』が完成し、そこでの練習が開始されました。ロッカールームにはそれぞれのロッカーが設備され、トレーニング設備も整っていて、僕らは恵まれた環境で練習を行うことができています。

ただ一つワガママを言うのであれば、「家からもう少し近かったらよかったな」ということです。家から練習場までは車で40分から60分ほど。

けど、実はその移動時間も蓋を開けてみると充実し楽しめているのです。

と言うのも、車の中では音楽などは聴かず、終始趣味であるラジオを聴いているからです。

僕にとってはラジオを聴くことも読書することくらい好きなことです。

京都ハンナリーズ在籍時には公式YouTubeで『ハンナリーズの鍵当番』というラジオのコーナーを始めたこともありました。僕と満田丈太郎選手（現福井ブローウィンズ）がパーソナリティーとなり、様々なゲストをよんでファンが知らない色んな裏エピソードを暴露したりと、楽しくて腹を抱えて笑っていた記憶が鮮明に残っています。

そんな僕が欠かさず毎週聴いているのが『オードリーのオールナイトニッポン』です。かれこれ高校3年生の部活引退後からずっと聴いているので、7年近く毎週聴いていることになります。試合で勝って嬉しい夜も、メンバーに入れず悔しい夜も、捻挫してアイシングしていた夜も、毎週土曜の夜はオードリーが傍にいてくれました。

今では日曜日に試合があるため日曜日の夜にradikoで聴いていますが、それが生きがいの一つと言っても過言ではないかもしれません。

オードリーのオールナイトニッポンのリスナーはリトルトゥースと呼ばれます。この語源はレディー・ガガのファンがリトルモンスターと呼ばれることから、オードリーのリスナーはリトルトゥースとなったそうです。俳優の星野源さんや、高橋ひかるさん、呪術廻戦の著者もリスナーだそうで幅広くたくさんの人々に愛されています。

様々な著名人が聴くラジオな訳ですが、なにがそこまで人を惹きつけるのかを個人の見解でまとめてみました。

●部室での会話を聴いているような錯覚に陥る

オードリーの二人は高校が同じで、同じアメフト部に所属していました。二時間にわたる二人のトークは部活が終わった後の部室での会話を聴いてるような緩さがあり、小さな青春を取り戻せるような気がしてしまうんです。体育会系ならではのノリみたいなところも、僕は大好きです。

●曲紹介や生メールを読まないストロングスタイル

二時間のほとんどが談笑の時間であり、たまに話の流れで曲を流したり、生メールを受け付けることもあるのですが、基本的にはそういったコーナーは設けていないこと。

●ハガキ職人も面白い

放送日の18時までに、前回放送時に出されたお題に対するメールを送るとそれを読んでもらえることがあります。毎週のようにメールを送り、何度も読んでもらっているハガキ職人のような人がいるのですが、その回答のセンスがとにかく面白いのです。

●若林さんの人間性

僕が一番惹かれているのは若林さんの人間性です。これについては、熱く語らせて欲しいので後ほど書きます。

ラジオ・ガガガ

そんな僕は先日、本屋を散歩（あえて散歩と表現させていただきます）していたら『ラジオ・ガガガ』という小説を見つけました。「ガガガ」というタイトルにまず目を惹かれ手に取り、裏にあるあらすじを読んでみることにしました。

心躍る日も、涙した日も、ラジオが傍にいてくれた。夢に破れ、逃げる旅路で「オードリーのオールナイトニッポン」を聴く青年。ケアハウスで「深夜の馬鹿力」に胸をときめかす、リスナー歴35年の老女。実在する人気ラジオ番組に耳を傾ける、老若男女の人生を切り取った珠玉の短編集。

「オードリーのオールナイトニッポン」を聴く青年の話がどうしても読みたくなり、即購入を決意。家に帰るまで我慢できず、腹痛でトイレまで寸秒を争う人のように近くのカフェに飛び込んで、一目散にその短編を探して読み始めました。

その短編の物語の中で、オードリーのラジオ『死んでもやめんじゃねーぞ』というコーナーがあり、メールで募集していた「死んでもやめんじゃねーぞ」と思う事を読んでいきます。これは以前、実際にやられていたコーナーであり、腹を抱えて笑ってしまうほど、くだらなさもあり面白いコーナー（下ネタ多め）でした。

この物語では「死んでもやめんじゃねーぞ」という言葉に大きな影響を受けるわけですが、ぼくも実際に、過去の自分に死んでもやめんじゃねーぞ!! と叫びたくなることが多々あります。

それと同時に、自己啓発本を読んでいると無駄なことなんてないんだ。必ずどっかで報われるぞ。って書かれていることが多いのですが、未だにどーしてもこれは報われない気がするぞ。やめた方がよかったんじゃないかと思うことが多々存在します。

せっかくなので僕の25年間（本コラム執筆時）生きてきて、過去の自分に「死んでもやめんじゃねーぞ」と言ってやりたいことと、「死んでもやめろ!!」と叫んでやりたいことを紹介させてもらいます（もちろん死んじゃダメです）。

まずは
●死んでもやめんじゃねーぞ
・まずバスケをやめんじゃねーぞ!!
　アニメの「メジャー」に影響されてバスケをやめて野球をやろうとしたこと。
・中学選びの時にはじめて親に反抗したこと。
　あの時、１時間半かかる中学を選ばずに、親の言いなりになって地元の中学に行ってたら、プロにはなれてなかったと思うぞ。
●死んでもやめろ!!
・小学生の時、鬼ごっこ中にもう一つのグループが開催してる鬼ごっこに参加して、二人の鬼から逃げてたこと。
　結果的にお前、二つのグループの鬼に同時にタッチされて、すごい変な空気になるぞ!!

二度とやるなよ!!

・高校の時に使ってた財布、当時はかっこいいと思ってたけど、実際あれめっちゃダサいからやめろよ‼　謎のチェーンのついた長財布……。

これまでを振り返ってみると選択の繰り返しで今の自分が存在することがわかります。もし、その瞬間に違った選択をしていたら、全く違う人生を歩んでいたのかもしれない。人生ゲームでも、二つのコースのうちどちらかを選ばないといけないことがあり、選んだ先で全く違う人生が待っています。僕たちはその選択の連続のような気がします。

そして、その逆を選んだらどんな人生だったかなんて、考えたってわかることではないので、選んだ道を努力によって正解にするしかないと思います。あの時買った財布は完全に間違いだったけど……。

セカンドの7番

僕は若林さんの言葉で一番好きなのが「セカンドの7番で死んでいく」と言う言葉です。

これはあるテレビ番組で視聴者から真面目が損する現状を打開する方法を相談された際に若林さんが答えた言葉です。

「春日はスターの星の下で産まれた。だから何をしてもスター。あいつはファーストの4番なんだ」

「自分はセカンドの7番って言う星に生まれたから、それで生きていくしかないと腹を括った」

実は自分もスターの星の下で産まれたと思っていたところがありました。中学ではキャプテン、エースとして全国大会にも出場し、高校でも名門洛南でキャプテンを務めました。

しかし、大学に行った時にそれが間違いであり勘違いだったことに気付かされたのです。スターの星の下で産まれた人間ってのはこんな人たちの事を言うのかと、思い知らされました。

しかもそのスター達は、才能に恵まれてるくせに、誰よりもバスケと向き合い努力するから恐ろしい。

ハードな練習で疲弊した次の日のオフでも早朝にシューティングに行く人がいて、寮の自転車置き場から原付バイクのエンジンがかかる音や自転車のスタンドを蹴る音で起きる日がたくさんありました。

そんな僕はというと、涼しいカフェで朝から晩まで読書に明け暮れていました。そんな選手は彼らには勝てるはずもない。たぶん、努力してもその選手たちに勝てなかった時に自信を無くしてしまう気がして、必死になって努力をすることができなかったのかもしれません。

当時を振り返ってみると、サッカーや野球といった他種目のスポーツ選手の自伝ばかり読んでいました。

それでもそれらの著者は、スターの星に産まれてきたような人間ばかりだったので、そこまで自分が欲しい言葉は見つかりませんでした。

そんなとき、夜になってラジオを聴いていると、どうやら若林さんの言葉たちは、いつも自分の欲している言葉に誰よりもどの本よりも近く感じるのです。自分のモヤモヤの答えを持ち合わせている唯一の人だと確信しました。だから毎週若林さんの言葉を漏れ落ちないように聴いていました。

すると、2020年くらいになって、その時は訪れたのです。

「いるんですよ。セカンドの7番って役割が世界に。守備は上手いけど、上手いって褒めてくれる人はいなくて、ただエラーしたらめっちゃ叩かれる。」

「それでもセカンドの7番は決して主役ではないが必要な存在であり、勝つためには重要である。」

「俺はセカンドの7番っていう星の下で産まれたからそれで腹を括って死んでいく。」と口にした。

その瞬間、まさにダーツの的の中心に刺さったようでした。

セカンドの7番として、腹を括れば努力してスターに勝てなくても、そーゆーもんだから仕方ない。と自信を無くすこともないし、自分を肯定できる。

それからはセカンドの7番として僕も生きようと決めたのです。

そんな今でも、オールスターや日本代表に選ばれたりして、人が見たらスターじゃないのと思うこともあるかもしれませんが、僕の根底にはずっと「セカンドの7番で死んでいく」という意志が消えることなく刻まれているのです。

セカンドの7番を極めた先に、自分の思い描く選手像があるのかもしれないから、それに向かって突き進んでいきたいと思っています。

（2023年5月『ダブドリ』Vol.17掲載）

ウォーミングアップ

第1Q

第2Q

ハーフタイム

第3Q

第4Q

恩師が導いてくれた特別な1冊との出会い

寺嶋良×東海大学男子バスケットボール部監督 陸川章

陸川章 *Akira Rikukawa*

1962年3月11日生まれ。新潟県出身。新井高校でバスケットボールを始め、日本体育大学を経て当時のトップリーグ強豪のＮＫＫ（日本鋼管）に入社。現役時代は日本代表にも名を連ね、主将も務めた。引退後は、カリフォルニア州立大学ロサンゼルス校でコーチングを学び、2001年から東海大学の監督に就任。チームを4年で関東2部から1部へ昇格させると、2005年にはインカレ初制覇を達成。大学界屈指の名将として多くのプロ選手を輩出している。

バスケットボールで出会った恩師の言葉はこれまで寺嶋良の背中を何度も押してくれた。しかし、それ以上に何気なく薦めてくれた1冊の本が彼の人生の大きな支えとなった。今まで語られなかったエピソードを交えながら、陸川章と寺嶋良が本の魅力を語り合う。

（取材日：2024年8月20日）

「あの体育館は色んな思い出の詰まった体育館なんです。（寺嶋）」

寺嶋　お忙しいところ、お時間をいただきありがとうございます。今回、ダブドリで連載させてもらっているコラムをまとめた書籍を作っていただくことになりました。そこで陸さん（陸川章／東海大学男子バスケットボール部監督）と対談をさせていただけるということで、ずっと聞いてみたかったことを聞いていきたいと思っています。よろしくお願いいたします。

陸川　よろしくお願いします。

寺嶋　最初はバスケのことなんですが、僕が陸さんと出会った時のことを伺ってみたいんです。高校の時に初めてお話をさせてもらいましたけど、陸さんはどこで僕を知って、どこを評価してくれて声をかけてくれたのか。ずっと聞いてみたかったんです。

陸川　京都まで試合（洛南高校時代）を見に行ったよね。その前に、私のところに色々と情報が入ってくるわけだ。出身は東京だもんな？

寺嶋　そうです。

陸川　OBにミニバス、中学、高校をチェックしてくれている人がいて、「素晴らしい選手がいる。中学時代は東京でこんな選手だったよ」と、色々教えてくれたんだよ。それで見てみたら、まずはスピードだね。ギュンっていうスピードとリーダーシップが素晴らしかった。こういう選手が欲しいなと思っていたから、高校の監督にお願いをしたんだ。それで試合の後に体育館で話をさせてもらった。

寺嶋　横大路体育館ですね。僕らが東山高校に負けた体育館です（笑）。45年ぶりに県大会の優勝を逃した後に、陸さんとお話をさせてもらったんです。東海大学から京都ハンナリーズに入って、練習の拠点があそこでだったんですよ。

陸川　じゃあ、縁がある体育館なんだね。

寺嶋　そうなんですよ。それこそ初めてダブドリでインタビューをしてもらったのもあそこだったし、あの体育館は色んな思い出の詰まった体育館なんです。

陸川　なるほどな。それでね、私はやっぱりガードが大事だと考えている。洛南というのはパスアンドランをベースに速い展開で状況判断のできる素晴らしいチームだ。良を見た時も、「このスピードを活かせたら、素晴らしい選手になるだろうな」と感じたね。

寺嶋　ありがとうございます。あと陸さんが描いてた僕の大学4年間がどんなものだったのかも聞いてみたかったんです。声をかけてくれた時に、僕が4年間でどう成長して、どんな選手になっていくイメージを持っていたんですか？

陸川　選手それぞれにいいところが絶対に

ある。そこを武器にして欲しいし、それを誰にも負けないものにしてもらいたいと思っているんだよね。だから良には、まずスピードでずば抜けて欲しい。あとはどの選手もスタートの時もあれば、スタートではない時もある。良の場合は、その時のメンバーで「あなたが引っ張らなきゃダメだよ」という責任をあえて与えて、試合の流れを変えてもらう。スタートだろうが、バックアップだろうが、この試合をここで一気に変えるとか、追いつきたい、引き離したい時の中心選手になって欲しいなと思っていたし、なれると思っていた。

「あなたがチームを勝たせるんだよ!」と伝えていた。(陸川)

寺嶋　確かに。僕は4年生の時、セカンドチームだったんですよ。その時にすごく感じていたのは、「この5人をまとめないといけない」ということでした。練習の時なら、それでファーストチームに負けないぞっていう気持ちを見せないといけない。僕の中では、東海の4年間でキャプテンとしてのあり方をすごく学べたし、4年生の時は実際にキャプテンだったけど、セカンドチームの中で、よりキャプテンシーを示さないといけないなって思っていました。陸さんの意図は今だとすごくわかることがあります。

宮本　ひとついいですか?　陸川さんも考えていたと思うんですけれど、大学生となると4年生のプライドとか、それこそ最後のインカレだったら、「俺が試合に出たい」とか、「スタメンで出たい!」とか。寺嶋選手の世代はインカレベスト8での敗戦でした。僕はあの試合を駒沢体育館に見に行っていたんですけど、寺嶋選手はあんまり試合に出てこなかったですよね。この塩梅というか、監督と選手の考え方、伝え方は相当難しいですよね？

陸川　そうですね。良も私の知らないところで相当悔しい想いをしたと思うし、私にも色んな想いがあったんだけど、私が考える一番のことはこのチームが勝つこと。チームファーストで考えた時にどういった決断をするか。これをどの世代でも一番に考えています。思い出すのは狩野祐介（佐賀バルーナーズ／2012年度東海大卒）です。狩野が4年生でキャプテンの時に、当時1年生だったベンドラメ礼央（サンロッカーズ渋谷／2015年度東海大卒）をスタートにして、狩野をバックアップに回しした。もちろんすごく悔しがっていました。ただインカレを優勝できて、良と同じようにキャプテンであり、絶対に流れを変えることができる存在だった。良の時は、大倉颯太（アルバルク東京／2021年度東海大卒）が2年生だったのかな。良のひとつ上の世代は旦人（内田旦人／湘南ユナイテッドBC／2018年度東海大学卒）がキャプテンだったけど、彼もバックアップにしてインカレを優勝した。私が言うのも変なんだけど、選手の気持ちはすごくわかるんです。私がNKKの時にスタート、シックスマン、全く試合に出ない。この全てを経験して、最後はリストラも経験した。そんな人はそうそういないと思うんです（笑）。だから、選手の気持ちはわかるんだけど、一番悔しいのはチームが負けること。勝つチームになるために、こちらが決断しないといけない。でもね、良は本当にしんどかったと思う。そして、私も厳しかった。ある時、スピードを上げてプレーをしなさいと求めていたのに、良がスピードを落としたことがあるんです。

寺嶋　あー、ありましたね（笑）。

陸川　その時に、「良、君が絶対にスピードを落としちゃだめだ。君がしんどいということは、相手はもっとしんどいんだ」ってね。

一同　ハハハハハ！

寺嶋　そうです。そう言われました（笑）。

陸川　だから、絶対にスピードを落としちゃいけないよって。それを伝えたことはすごく覚えています。

寺嶋　もうひとつ、陸さんから言われた印象的な言葉があって、「お前の背中をみんなはずっと見ているんだ」って。スピードを上げていると体力的にもきつくて、前からディフェンスをできない時もあるじゃないですか（笑）。少しだけサボってしまった時に、「背中で見せなきゃいけない。後ろの人はお前の背中を見て、ディフェンスを頑張ろうと思えるんだから、背中で仲間を勇気づけなさい」って。それは今でも自分の中で大事にしています。やっぱり、チームのコミュニケーションがうまくいかない時とかあるじゃないですか。そういう時は背中で見せなきゃと思いますね。ちょっとでも流れが悪い時は前からディフェンスをして頑張ると、チームメイトの動きも変わってくるんです。大学の時に陸さんが教えてくれたから今の自分があるなって思うことがよくあります。

陸川　あと私が覚えているのは、新人戦の時かな。

寺嶋　関東で優勝しましたよね。

陸川　そう。新人戦ではスタートでプレーをしていて、良がキャプテンだった。その時から、「あなたがチームを勝たせるんだよ！」と伝えていた。2年生の時からプレッシャーをかけていたというのかな。リーダーとしての役割を求めていた。あの試合は面白かったね！

寺嶋　そうですね。僕も新人戦の決勝はキャリアハイぐらいのスタッツでした。あの時は前半が0点だった気がします。陸さんに「あなたが勝たせなきゃいけないんだ！」って言われてから、20点ぐらい取れて、最後に逆転勝ちしましたもんね。

陸川　そうだな。日大さんに勝って優勝したんだ。

寺嶋　あの時から自分の中で、自覚や覚悟を持てた気がします。東海では身体作りはもちろんですけど、それ以上に精神的な部分、メンタル面をすごく鍛えてもらえたと思います。

正しい道よりも楽しい道を選ぶ。（陸川）

寺嶋　僕らが東海大学を卒業して、4年ぐらい経ったじゃないですか。今の大学生たちを教えるにあたって、考え方は変わっているんですか？　それともずっと一貫して同じようなスタイルでやっているんですか？

陸川　逆に良の時はどんなスタイルだったと感じているの？

寺嶋　僕が思う陸さんのスタイルですか？

一同　ハハハハハ！

寺嶋　僕の中では異例な感じでした。こんなに選手との距離感が近いというか、本当にお父さんみたいなんですよ。コーチってどこか怖い存在とか、ちょっと気を遣うイメージがあったんですけど、僕らの時は本当にお父さんみたいな存在だったんですよね。そうやって息子のように接してくれていたことは当時から感じていました。

陸川　多分、今も変わっていないと思う。変わらないけど、私がどんどん歳をとっていくから、今の選手たちはおじいさんと思っているかもしれない。

寺嶋　あ、おじいちゃん（笑）？

一同　ハハハハハ！

陸川　私自身は全然変わっていないんだけどな（笑）。たとえば今、朝練をAチームとBチームが一緒に7時とか7時半からやっているんだけど、絶対に誰かとはたわいのない話をしようと決めている。そこに怖いとかは一切ない。だから、変わらないと思うな。ただ、大学生だからちょっと違う方に行ってしまったり、自分がどこに行きたいのか迷っているような時は、叱咤激励をする。

寺嶋　僕らの時もウエイトが週3回ありましたよね？

陸川　そうだね。

寺嶋　トレーニングをしてると、陸さんが必ず全員に声をかけてくれました。今もそうですか？

陸川　かけるけど、AチームとBチームで結構人数がいるから、「今日はここだな、明日はここだ」って決めているかな。

寺嶋　あー、なるほど。僕らの時はAチームだけだったから、人数的にもいけましたよね。スクワットをマックスの重さでやってる時に、陸さんが後ろから、「良！」って声をかけてきて、「あ、陸さんだ」と思って振り向いたら、「頑張れ！」って言われて、それだけだったりする（笑）。

一同　ハハハハハ！

寺嶋　でも、毎回冗談とかも入れながら話しかけてくれたのは、嬉しかったですね。それは本当にファミリーだなって気持ちになりました。ビッグファミリーでした。

陸川　私はコーチが怖い必要はないと思っているんだよ。面白い話があって、私が全日本の時の監督が小浜さん（小浜元孝／元日本代表監督）だったんだけど、「練習を見させてくれよ」と言われて、「どうぞ来てください」となったことがある。今から14、5年ぐらい前かな。実際に見に来てくれて、練習が終わった後に選手を呼んで、「陸川はどうだ？」と小浜さんが聞いたら、「優しいです！」と選手が答えた。そしたら、「陸川！」って呼ばれて、「優しいってどういうことだ！」って。

一同　ハハハハハ！

陸川　それで、「小浜さん、質問が間違っています。練習はどうかと聞いてくださいい」って。それで選手に「練習はどうだ？」と聞いたら、「きついです」と答えた。「小浜さん、これでいいんじゃないですか。陸川は優しい。でも、練習はきつい。

私はこれでいいと思っています」と伝えたんだ。

寺嶋　本当に陸さんの練習ってきついんですけど、楽しいんですよね。みんな苦しい顔をしていなかった記憶があります。身体はきついけど、笑ったり、冗談を言っているから心はきつくない。トレーニングも練習もそんな感じでした。

陸川　よく全国から色んな方が練習を見に来てくれるんだけど、練習だとラントレがあったじゃない。終わってから、「どうでしたか?」と聞くと、「悲壮感が全くないですね」とよく言われるんだ。それは嬉しかったな。あと秋田から来てくれた女子のコーチが、「怒らない指導で勝っている人なんていないるわけない」と思っていたって。「見学いいですか?」と連絡をもらって、「もちろんです。うちはいつでもオープンキャンパスです!」なんて言いながら。

一同　ハハハハハ!

陸川　それで2日間来てくれたんですよ。終わってから、「本当に怒らないんですね」と言われた。そのコーチが言ってくれたのは、「選手だけじゃなくて、スタッフもみんなが一生懸命動いて、みんなで練習を作っていることに感動した」って。

寺嶋　あー、そうですよね。

陸川　「帰ったら、私は絶対に怒りません」って。そしたら、そのチームは選手たちがどんどん楽しそうになっていって、初の東北大会に出場できましたと報告をもらったんだ。それを聞いた時は嬉しかったね!

寺嶋　自主性が出て、変化するんですか?

陸川　色々あると思うけど、やっぱり楽しいが一番の強さじゃないかと思う。私は誰かが迷った時にいつも伝えることがあって……。良には「迷ってます」と言われたことがないから、伝えたことがないけど。世の中には2つの道がある。世の中は正しいという道を行かせたがる。でも、私は楽しいという道を選ぶ。

寺嶋　なるほど！

陸川　そうじゃなかったら、38、39歳で課長をやっていた会社を辞めて、アメリカには行かない（笑）。あの時はみんなが猛反対だった。でも、親は絶対に反対しなかった。それが私の根底にある考え方で、正しい道よりも楽しい道を選ぶ。それは相談された時にいつも伝えているな。

寺嶋　ワクワクする方を選びなさいってことですね。これはもうタイトルじゃないですか！

一同　ハハハハハ！

寺嶋　「正しいよりも楽しいを選べ！」って。でも、そうですよね。自分がしくじったとしても楽しい方が後悔はないですもんね。

［僕は本当にこの本に出会えて良かったなと思っています。（寺嶋）］

寺嶋　今回は僕がダブドリで書かせてもらっているコラムを1冊の本にしていただくんです。そこで陸さんとも本や読書をテーマにお話をしたいと思います。僕の一番好きな本が、『大富豪からの手紙』という本なんですけど、陸さん知ってますよね？

陸川　えーとね、読んだな。

寺嶋　あの……大学3年の夏休みに、陸さんがその本をゼミで僕らに紹介してくれて、「これを夏休みに読んできなさい」って。

陸川　ハハハハハ。

寺嶋　授業がないんだから、それを読みなさいと。

陸川　えらいな！　読んだのか？

寺嶋　いや、読んだんですけど（笑）。その時に、「これを夏休みに読んで、感想をまとめて、休み明けに発表してもらう」って言われたんです。僕は本が好きなので、数日後に買って読んだんですよ。それで感想をまとめて、夏休み明けに持って行ったんです。そしたら、ゼミ生みんなが忘れていて。

陸川　ハハハハハハ。

寺嶋　みんなに話を聞いてみたら、やってきたのが僕だけだったんです。それで、「やばいな……」って。みんなも結構焦っていたんですよね。そしたら、授業に来た陸さんもその宿題を出したことを忘れていて。

陸川　いい加減だなー（笑）！

一同　ハハハハハ！

寺嶋　それで、僕が言ったらみんなが責められちゃうので、言わずに家に持って帰ったんですよ。でも、その本が今でも僕の一番好きな本なんです。京都ハンナリーズから広島ドラゴンフライズに移籍する時も、それを読んで決断をしました。シンクロニシティっていう言葉とか色んな話が出てくるんですけど、あの時に陸さんが薦めてくれなかったら、この本には出会っていなかったですし、色んな決断が必要な時にあの本に助けられたので。陸さんは忘れてましたけど、僕は本当にこの本に出会えて良かったなと思っています。

陸川　あのね、忘れていたのはあれだけど……。

一同　ハハハハハ！

陸川　私も本が大好きなんだよ。中学校の時に星新一さんの本を読んで、短編でSFのような展開がすごく面白かった！　それからNKKに入った時に、東大や京大出身の人がいて、飲んでいたら「今、何を読んでいるんですか」という話になったんだ。その時に、「陸川は単純でいいやつだから、歴史小説を読みなさい」と言われた。それで、「まずは何を読めばいいですか？」と聞いたら、「バスケット選手なんだから、宮本武蔵を読め」と。ハマったね……。そこから東大出身でアメフトをやっていた後輩がいて、彼もすごくできる人間で「竜馬がゆく」を読んでいると。それともうひとりいて、彼は「三国志がいいと思いますよ」を教えてくれた。この3つから歴史小説を読み始めたんだ。徳川家康全26巻とか、歴史小説は家に山ほどある。これが面白いんだ！　当時、現役の選手だったんだけど、本を読んでいたら「あ、もう2時だ」とかさ。

一同　ハハハハハ！

陸川　全日本で遠征とかに行くと、練習と試合以外は時間があったりする。ジョーンズカップの時だったかな。徳川家康全26巻もそこで読んじゃった。

寺嶋　ハハハハハ！

陸川　そこから本って面白いなと思い始めて、ビジネス本とかも読み始めたんだよ。

良と一緒で、本屋が好きなんだな。

寺嶋　あー、いいですよね。

陸川　本屋でパッと、「中村天風……？なんだろう……」と手に取って読んだら、これもハマったね。ものの考え方とかが、元々自分の持っていた考え方と似ていたし、そこからさらに色んな本を読むようになったんだ。2005年にインカレ初優勝をした年は、春のトーナメントで勝てなかった。モヤモヤした気持ちで本屋へ行ったら、キラッキラしている1冊があったんだよ。それを買って読んだら、斎藤一人さんのお弟子さんが書いた本だった。そこには、「言葉を変えなきゃいけない、キラキラしたものをつけなさい、靴をきれいにしなさい」とか色んなことが書いてあった。そういうことで運が変わる。他にも「ついてる！」と言いなさいとか。それでNKK時代の優勝リングを引っ張り出して、小指につけたんだ。今は試合の時だけつけているんだけど、本に書いてあったことを実践してみた。そしたら、その年のインカレで初めて優勝できた。本当なんだなーと思ってね。これは中村天風さんも言ってたんだけど、ネガティブなこととか不平不満は言っちゃうんだよな、人間って。だから、「と、昔は言ったもんだ」と付け加えなさいって。

寺嶋　あー、懐かしいですね！

陸川　これは大学の時に言ったことがあったよな。そうすると脳がそう解釈するらしい。脳科学で実証されていて、脳は自分の言葉を全て実践しようとしてしまう。だから、今もそれは大切にしているね。

寺嶋　本って同じ話でも全く違うことを書

いている時があるじゃないですか。でも、陸さんの言うとおり、そこは自分の捉え方だったり、受け入れようとするかしないかの問題だと思うんです。今の自分はこっちが合うな、時期が違えばこっちが合うなってなるかもしれない。そこは自分の経験だったり、タイミングに合わせてつまみ取るみたいな感じで、僕も向き合っていますね。

陸川　本にはその時の作者の最大の知恵と経験が詰まっている。それこそ千円ちょっとでこんなにも勉強できるものは他にはないから、ありがたいよね。

「人間としての幅が広がるから、絶対に必要だと思う。（陸川）」

寺嶋　スポーツ選手が本を読むことは必要だと思いますか？

陸川　絶対に必要だね。スポーツ選手には時間がある。練習する時はそこに集中するけど、どこかでリラックスしたり、教養を得たり、ものの考え方を学ぶ時間を作った方がいい。それで、「こういう考えもあるのか」と知って、試してみれば、人間としての幅が広がるから、絶対に必要だと思う。

寺嶋　陸さんが言うと、すごく説得力がありますね。僕も年間100冊ぐらいの本を読むんです。僕は、プロバスケットボール選手と本や読書を絡めながら講演をさせてもらうことがあるんですけど、陸さんから学んだことを話したりするんです。陸さんがそう言ってくれるとやってきてよかったなって思えるし、すごく嬉しいです！

陸川　絶対にその活動は続けた方がいいよ。シカゴ・ブルズ時代にフィル・ジャクソンがNBAで6回のチャンピオンを獲った(NBA通算では11回)。彼はめちゃくちゃ本を読むんだ。そして選手に合う本を選んでプレゼントしていたらしい。フィル・ジャクソンは精神的なところをすごく大事にしていたからね。

寺嶋 広島ドラゴンフライズのドウェイン・エヴァンス選手も試合前にずっと本を読んでいるんです。バスの中で本を読んで、心を落ち着かせているらしいんです。やっぱりスポーツ選手と本には密接なものがあると思うんですよね。関係なさそうに見えますけど。

陸川 スポーツ選手は移動時間が長い。飛行機だったり、新幹線だったり、バスだったり。今は音楽とかもあるけど、その時間だけでも本を読むと、自分との対話になるし、心の整理になる。それを……わかって欲しいよね?

一同 ハハハハハ!

寺嶋 そうなんですよ。それを結構伝えるんですけど、その時はみんなが「うんうん」って聞いてくれるんですけどね(笑)。でも、今回こうやって陸さんから本についての話を聞けたので、すごく良かったです。今回、本を出させてもらえるとなった時に、僕の自伝とかじゃ全然弱いなって思ったんですよ。やっぱり、まだ何も成し遂げてないですし。でも、本の魅力を伝えることがメインであれば、成り立つなと思ってお願いしたんです。

陸川 それこそあれだな。読書のススメだな。いいことだ!

寺嶋 少しでも読書の魅力が伝わったらい

いなと思います。

メモを取ることもおすすめしたいな。（陸川）

寺嶋　そろそろお時間なので、最後にこれからの子供たちとか学生たち、そしてこれを読んでくれている読者の方々に、本をテーマに何か伝えたいことってありますか？

陸川　私の本との出会いはジャングルブックという絵本だったんです。親戚のおじさんが小学校に上がる前に買ってくれた。今でも記憶に残ってるな。これを読んでくれた人は、自分の周りの人に本を読むきっかけを与えてあげて欲しいなと思います。それこそ、この本を自分の大切な人や応援したい人にプレゼントするとか。自分の周り、特に子供たちが本に触れる機会を与えてあげて欲しい。そうすると何かが変わっていくんじゃないかなと思いますね。

寺嶋　そうですよね。環境って大事ですよね。僕も幼少期に住んでいたマンションの下が図書館だったんです。やっぱり親世代が子どもに環境を作ってあげることはすごく大事だし、それが人間形成にも影響を与えるんじゃないかなと思います。

陸川　今はペーパーレスにもなっているけど、やっぱり本っていいよね。

寺嶋　そうですね。匂いもそうだし、ページをめくるあの感じもいいですよね。それが絶対にバスケとか色んな生活に繋がると思うんですよ。

陸川　あとおすすめは少し本を読むようになってきたら、いい言葉をメモすることですね。それが私の財産になったし、やっぱり人間は忘れちゃうから。そのメモを見返すと、「あの時はこれを大事にしたかったんだな」って思い出すことがすごくある。メモを取ることもおすすめしたいな。

寺嶋　必ず色褪せちゃうんですよね。1週間前のこと、1年前に感じたことって。やっぱり書いておくことで、それを思い出せるし、色褪せない。場合によってはもっと大事な言葉になっていたりするので、メモは僕も本当に大事なことだと思います。

陸川　良は今どんな本を読んでいるの？

寺嶋　今はなんでも読みますね。それこそ詩とかも読むようになりました。広島にいると色んな出会いがあって、たまたまブックカフェで詩を読んでいた時に隣の人が、「その本、僕が書いたんですよ」って話しかけてくれたんです。

陸川　それはすごいね！

寺嶋　その方は日本の素晴らしい賞を取った人で、詩の読み方を教えてくれて、僕の詩を作ってくれました。僕の試合を見て、その姿を詩で表現してくれたんです。最近色んな出会いがあるので、元々そんなに興味がなかったものも、出会いをきっかけに好きになっていくことを知りました。そこに色んなヒントがあるんだなっていうことも知りましたね。

陸川　本当にそうだね。

寺嶋　僕は読むものを絞らずに、必ず自分に必要なものになるんだと思って読んでいます。だから、読書の価値をひとりでも多くの人に届けられたらなって思っていますね。

陸川　素晴らしいね。セカンドキャリアも見据えてね。

寺嶋　そうですね。

陸川　でも、まずは怪我をしっかり治して、バスケットボールで輝いて欲しいな。本業は「本」業じゃないからな。

一同　ハハハハハ！

寺嶋　そうですね（笑）！　しっかりと復帰して、活躍します！

人生を変えた宿題

家にある本棚に棚差しされた本たちには、読んだ内容だけではなく、その本との出会い方や本によって引き起こされた感情もずっと残っています。喜びも、寂しさも、言葉に尽くせない感情もその本を開けば思い出すことができます。

そういう意味では、本は人生という物語を読み返したときの栞のようなものかもしれません。今回紹介したい本もまた、人生の分岐点で栞としていろんな感情を記憶してくれている本です。

大学三年生の夏休み、陸川ゼミの学生には課題が出されました。

「この本を読んできなさい。本を読んで感じたことをそれぞれノートに書いてきなさい」

それから数日後、本屋でその本を見かけて購入し、その日のうちに読み終えました。

その本は本田健さんの『大富豪からの手紙』という作品です。あらすじは天国へと旅立った大富豪の祖父から手紙を受け取った主人公が、手紙に綴られたメッセージのままに、祖父と縁のある旧友を訪ねながら世界を旅していく物語です。

幸せ、お金、仕事、人間関係、さまざまなことを主人公は旅を通して学んでいくのですが、それは読者にとっても大切なことや必要なことが詰まっていて、読了後には行動を変えたいと思わせてくれるような最高の人生の生き方を教えてくれる本です。

購入後はすぐに読み終えたので、ルーズリーフに感じたことを箇条書きにして書き出し、これからどのように行動を変えていくのかを考えて記しました。

それから一ヶ月ほど経ち、ゼミの授業が始まりました。

ゼミの友人たちは宿題をやったかどうかを互いに聞きあっていたのですが、様子を伺っていると、おそらく誰もやってきておらず、陸川先生すらも課題を出していたことを忘れていたようでした。

でも、僕にとってはあのとき陸川先生が出会わせてくれた本はこれまでに何度も僕を救ってくれ、今後も僕の指針として困ったときには助けてくれるのではないかと感じる程、かけがえの無い出会いとなりました。

そんな『大富豪からの手紙』が、これまでどのように良い影響を与えてきてくれたのかを紹介していこうと思います。

主人公が祖父からもらった手紙は９つ。

1. 「偶然」
2. 「決断」
3. 「直感」
4. 「行動」
5. 「お金」
6. 「仕事」
7. 「失敗」

8．「人間関係」
9．「運命」

この9つの手紙の中から、3つの手紙についてこれまでの経験をもとに書いていこうと思います。

「偶然」

【偶然】が最初の手紙であることには、著者としてのメッセージ性が他の手紙よりも強く、大切なことなのではないかと考えました。

手紙にはこのように書いてあります。

「一見偶然に見える、意味のある必然のことをシンクロニシティと呼ぶ」

さらに、シンクロニシティについてこのように書かれています。

「本当に、キミに気づかせたいときには、運命の女神が、偶然を2回、3回と続けて起こしたりして、気づかせようとする」と。

広島ドラゴンフライズからオファーをいただいた時、京都に残留するか広島に移籍をするかの2択で迷っていました。

京都では全試合を先発出場していて、コーチからの信頼も感じていた一方で、広島で挑戦してみたい気持ちと、その時はまだコーチが決まっていなかったことによる不安で、決断はできていませんでした。それでも、広島から提示された決断の期限は刻一刻と迫ってきていました。

そんな時に、シンクロニシティについて読み返してみたのです。

本を読み返しながら、当時、僕はマツダの赤い車に乗っていたり、朱色が多く含まれたバッシュを履いていたり、他にもいくつか広島に縁のあるものを身につけていることに気がつきました。

「本好きだから、伏線を張ってたのだろう！」と言われることもあるのですが、本当に偶然でしかないのです。それでも、これは単なる偶然ではなく、意味のある必然なのではないかと感じたのです。

その数日後に期限ぎりぎりで移籍をするという決断をすることができました。それからはその決断が正しかったと証明するために血の滲むような努力を重ねていくことになりました。

「決断」

信じられないかもしれないけど、「決断した瞬間」に、「その未来は、同時に誕生する」。

移籍の決断をするまでは、悩み続けるだけで何をしていても手につきませんでした。シーズン中だったこともあり、練習や試合には集中しているつもりでしたが、忘れ物が増えていたように感じたり、家でもマヨネーズを冷蔵庫にしまいにいったつもりがトイレのドアをあけていたりした日もありました。

寝ても覚めても、そのことで頭がいっぱいだったように思います。
たくさん考えて、たくさん悩んでも、何か景色が変わることも成長しているように感じることもありませんでした。
しかし、決断した瞬間から僕の中で一つの扉の鍵が開いたように感じました。

決断とは、鍵を開ける行為なのかもしれないとそのとき思いました。

僕たちはもともと扉の鍵を持っていて、その鍵でどちらかの扉を開けないといけない場面があるとしましょう。二つの扉の前で悩みながらただ立っているだけでは景色は変わりません。でも、扉を開けた瞬間、新しい景色が待っています。その扉が正しい選択だったのかは、誰にもわからず、自分が正解だと思えるように努力して進んでいくしかないのかもしれません。

京都ハンナリーズというチームが僕にとっては居心地の良い素晴らしいチームだった分、広島でそれ以上を求めようとすると、気の遠くなるような努力が必要だと考えました。誰よりも早く広島入りし、オフシーズンをワークアウトに費やしました。

個人的にはそのシーズンは本当に素晴らしいシーズンを過ごせたように思います。自分で決断をした瞬間から、成長が始まったのだと感じました。

「失敗」

「失敗の本質」を知って、そこからどう回復するかさえ、マスターしておけば何も怖くない。

「失敗のない成功は危険だ」とも言えるね。

どんな成功者でも成功以上に失敗を重ねてきているはずであり、それらの失敗は成功するために必要な材料だったと答える人は多いのではないでしょうか。

ミニバスのお別れ会の時、外国人のコーチが最後にこんな話をしてくれました。

「私はキャリアを通じて9000回以上シュートを外し、300試合に敗れ、決勝シュートを任されて26回も外しています。人生で何度も何度も失敗したからこそ、今の成功があるんです」

この言葉を言ったのは誰だと思う？

チームメイトの1人は、「コーチ!!」と声高に言いました。

コーチは首を横に振りました。

続いて、「JJ!!」とまたさらに隣の子が言いました。

JJとは、コーチの息子のニックネームです。

「JJはそもそも、人生で300試合もしていない。」とまた首を横に振りました。

それからも、みんなバスケをやってる人の名前を声に出していきましたが、隣町の上手い少年の名前だったり、誰かのバスケ経験があるお父さんの名前だったり、今思えばそんなわけないだろ！とツッコミたくなる人名ばかり答えていました。

これ以上待っても当たらないと判断したコーチは、その人の名前を答えます。

「マイケル・ジョーダンだよ！」

周りからは、「あー！」「やっぱりー！」と聞こえてきましたが、このとき「そんな失敗したらバスケの神様じゃねーじゃん！」とバスケをかじったばかりの少年はそう思っていたのです。しかし、それは神様になるまでの過程でもあり、失敗は神様になるまでの材料だったことが今になってよく理解ができるようになりました。

それが理解できるようになった今では、失敗は成功に必要なことだと知っていたにも関わらず、やっぱり失敗が怖くて挑戦から何度も逃げてきたように思えたり、もう少し失敗と向き合えたら今頃はもっといい選手になれていたのではないだろうかとも考えてしまいます。

ただ、これからも自分次第で挑戦する機会は何度でもあるので、そこでどんな結果がついてきても、その結果は自分の幸せのために起きたのだと捉えることができれば、どんな結果も成功へ続く道にできるのだと思います。

7年越しの宿題提出

『大富豪からの手紙』を読み、感想を書いて発表するという宿題が出された大学三年生の夏休みから7年。

やっと自分の言葉を使って宿題を提出することができました。

しかも、当時よりもいろんなことを経験してきた分、ルーズリーフに書き込んでいた400文字ぐらいの文章はその何倍にもなりました。あの頃には気づけなかったことや今だからこそ理解できる文章の意味など、この本を読み直してみて改めて7年間の時間の経過と成長を感じることができました。

陸川先生が僕たちに出した宿題が人生を変えたように、今日この文章が少しでも皆さんの人生に良い影響を与えられたら嬉しいです。

（2024年12月記）

ウォーミングアップ

第1Q

第2Q

ハーフタイム

第3Q

第4Q

心の汗をかいてきてください

「誰かのため」なんて、普段僕は少し恥ずかしくて言えない。だけど、あの時は信じてもよかった。「誰かのためにする喜び」は、ときとして「自分のために何かをする喜び」をすっごく上回るってことを。

（『僕たちは世界を変えることができない。』著／葉田甲太）

この言葉の真実を確かめに僕は２０２３年６月末にカンボジアへ飛びました。

バスケワールドカップではパリオリンピックへの出場を決め、日本中が歓喜に包まれる中、B.LEAGUE の開幕も近づいてきています。そんな僕にはダブドリの原稿の締め切りも近づいていました。

今回はワールドカップについてコラムを書きたくなるところですが、それはいつか自分があの舞台に立てた時に、その時の気持ちを言語化できたらいいなと思っています。

今回はオフシーズンを跨いでいるので、慈善活動の一環でカンボジアに行って感じたことについて書きたいと思います。

現場で感じたことが時間の経過によって色褪せていく前に文章に残したい、そして、この文章が誰かにとって一歩踏み出すきっかけとなってくれたら嬉しいです。

認定NPO法人あおぞら

いきなり飛行機に乗ってカンボジアに向かうところから書いてしまうと、旅エッセイのようになってしまいそうなので、まずは僕がB.LEAGUEに入って細々とやってきた慈善活動について紹介させてください。

始まりは『僕たちは世界を変えることができない。』という本との出会いでした。その本の表紙には俳優の向井理さんや松坂桃李さんなどが映っていて、一歩踏み出す勇気が湧く同名映画の原作ノンフィクションと書かれていました。医大生がカンボジアに学校を建てるために奮闘する物語なのですが、著者の葉田甲太さんは綺麗事を並べずに思ったことや行動、汚い部分、情けない部分を、全て曝け出しているのが印象的でした。

この作品の冒頭には、なぜカンボジアに小学校を建てようと思ったのかという理由について、このように書かれていました。

「カンボジアの小学校に行けない子供たちがかわいそうだから何とかしないと！」とかそんな大そうな話だったのではない。大学で卒業のために単位を取り、適当にバイトして、浴びるほどお酒を飲んで、かわいい子とコンパをする……。そんな日々に嫌気がさした。そんな幸せなはずの毎日が当たり前になっている自分が怖くなった。

少し前に葉田さんと同様に、僕にも幸せなはずの毎日が当たり前になっている自分が怖くなった時期がありました。

プロバスケットボール選手を６歳から目指し始めて、その夢が叶ったら幸せになれると思っていたのですが、夢を叶えても充足感や幸せのようなものはすぐに慣れてしまい、これまでと変わらない日々が流れていたのでした。この作品の言葉が真実なら、誰かのためにした行動は自分の幸せを満たしてくれるのかもしれない。そう思った僕は本を閉じるやいなや、葉田さんが代表をしている認定ＮＰＯ法人あおぞらのホームページを探し自分も力になりたいとメールを送っていました。次の日には、丁寧な文面で「一緒に力をあわせましょう」というような返信がありました。これは後から聞いた話ですが、バスケットボール選手であることは隠していたはずなのに、なぜか最初からバレていたらしいです。

葉田さんやあおぞらのメンバーと様々な話をしているうちに、やはりこの人たちと一緒に誰かの力になりたいと強く思うようになりました。それから半年後にはあおぞらに協力してもらう形で、カンボジアのサンブール地区にある40世帯の家庭に浄水フィルターを寄贈することができました。

心の汗をかいてきてください

今回、カンボジアに旅立つ前に、一度あおぞらのアドバイザリーを務める方とＺＯＯＭでお話をしました。カンボジアの現状や現地での流れと注意点、そして人との触れ合い方について様々なお話をしていただきました。そのおかげで僕が現地に行って何をして何を感じてこないといけないのかが明確になったので、実際に現状を目の当たりにした時に大きく戸惑うことはありませんでした。

現地に行く目的は大きく２つ。

１つは、２０２１年に送った浄水フィルターの使用状況や感想を聞き、今後どのような方向性で支援を行うのかを考えることでした。もう1つは、これまではあおぞらが現地で気づき感じた課題に対して支援の形を作り、それに僕も乗っかる形でしたが、今回はあおぞらではなく自分自身で感じたことから始まる支援のストーリーを見つけることでした。

アドバイザリーを務める方から、話の最後に言われた一言がすごく印象に残っています。

「心の汗をかいてきてください」

当日、その言葉の意味を飛行機の中で考えていました。

心の汗とは目に見えるものなのか？　これまでに自分はかいたことがあるのだろうか？

そんなことを考えていると、答えの出ないまま眠りに落ちていました。

知らない人への支援から知っている人への支援に

カンボジアのシュムリアップから休むことなく3時間ほど車を走らせると、本当に同じ国にいるのかと疑うほど建物や道、人の服装、景色が変わりました。目的地であるサンブール地区に到着すると、そこには100人を超える村の人たちが集まっていました。ですが歓迎してくれているというよりは、次に僕たちが何を支援してくれるのか興味を持っているというような感じがしました。

聞いてみると、前回浄水フィルターを受け取れた人もそうでない人も集まっていて、この村には貧困のレベルが存在し、村から一番レベルの高い貧困と指定された層の方々が集まっていました。顔を合わせて話をしたことによって、これまで支援していた人たちの顔と、これから支援をしていく人たちの顔を知ることができました。

これは僕にとっては大きな変化であり、さらにこの人たちの役に立ちたいと思えるようになりました。

もしかしたら、ここにいる人たち（第一貧困層）に心血を注げば救うことができるのではないかとさえ考えるようになっていました。たくさんの人が僕の前にきて手を合わせてオークン（ありがとう）と感謝の気持ちを伝えてこられてかなり気が大きくなっていたのかもしれません。ヒーローになったように勘違いしていたのかもしれません。

実際にはそんな簡単な話では無かったことに、あとから気づかされるのでした。

少女との出会い

猛暑の中、歩きすぎてシャツは汗でびしょびしょになり、払い切れないほどの小蝿が体に纏わりつき、これまでの疲労の影響か、涼しいホテルでシャワーを浴びて冷たい炭酸を飲めたらどれほど幸せか……そんなことを考えるようになっていました。ですが、カンボジアに来た理由は現地の暮らしの様子を見て、これからの支援の形と方向性を考えることだったので、もう一度自分に喝を入れるようにカバンを掛け直して泥でぬかるんだ道を再び歩き始めました。

いくつかの家に足を運び、浄水フィルターの使用状況やそれぞれの生活について話を聞いて回っていくと、「この家で最後です」と通訳兼ガイドのオルさんに言われ、少し安心しながらもその家に向かいました。

その家に着くと、ガラスのない窓の前で外の光に照らされて勉強をしている一人の女の子がいて、僕らが来たことに気づくとすぐに勉強をやめて迎え入れてくれました。

寄付をした浄水フィルターの話はもちろん聞きながらも、家の外の壁に貼られた黒板が気になって、「家で勉強してるの？」と尋ねました。どうやら弟に勉強を教えているらしく背景はわからないが弟は学校には通えていないようでした。

何十人と現地の子供たちを見てきましたが、その少女はどこか目の奥の輝きが他の子供たちとは違って見えました。

直感なので何も根拠はないのですか、未来を期待したくなるような目をしていたのです。気になって思わず最後に、将来の夢について尋ねてみました。ですが、その子は苦笑いをしながら困った様子で「わからない」と言いました。

この「わからない」というのは、やりたいことや興味の湧くような将来の夢がないという意味ではなく、思い描ける未来のようなものがそもそも知識レベルで「わからない」というような返答でした。

これはカンボジアの歴史も大きく影響しているようでした。

カンボジアは過去にポル・ポト率いるクメール・ルージュによって知識人（医者、先生など）を含む約１７０万人が虐殺されました。それによって、教育や医療の発展が遅れ、職業も減少したのだそうです。

こんなにも自分たちとは見えている世界が違うのかと驚きを隠せませんでしたが、それがカンボジアの現状でした。

その時にその子に叶う叶わないは別として、夢の選択肢を増やしてあげたいと心から強く思いました。

もっといろんな職業があること、今勉強する先に何があるのかなど。

何か栓が抜けたように興奮よりも悔しさに近い感情が湧き出てきて、猛暑で暑いはずなのに気づくと身震いしていました。

その時、同時に新しいストーリーの始まりを見つけたように感じました。

この子にもっと夢の選択肢を与えてあげたい、もっと学ばせてあげたい。

そしてこの子と同じような子がたくさん他にもいて、水問題の解決ももちろん重要ですが、子供たちの教育を支えていくことがこれからの村の未来を考えたときに重要になってくると感じました。これはたとえ誰かに否定されても、現地に行って直接この体で感じたことだからこそ自信を持って取り組んでいきたいと思いました。

この時に初めてあおぞらのアドバイザリーの方から言われた「心の汗をかいてきてください」の意味がわかった気がしました。

心から込み上げてくる何か。フツフツと湧き上がってくる何か。

この感情は言葉で表すのが難しいのですが「心の汗をかく」という言葉が一番近いような気がしました。

これが可視化できるとしたら、それは涙なのかなと思います。助けてあげたい。だけど己の無力さを痛感する。その時、悔しさなのかよくわからない感情で涙が溢れそうになったのを鮮明に覚えています。

その時、堪えながらも、心の汗をかいていたことは確かでした。

カンボジアの夜空と東京の夜景

帰路の飛行機でこれまでのことを振り返っていました。

特に現地に行く前と後では心境にどのような変化があったのかを目を瞑ってずっと考えていました。

現地を訪れるまでは、精一杯支援をやれている実感があって充足感にも満たされた状態でしたが、帰路では無力感に襲われて少し落ち込み気味な自分がいました。

「国際協力をしたくてしている人と笑顔を作りたくてしている人とでは大きな差がうまれます」と、あおぞらのアドバイザリーの方が話をしてくれたことを思い出しました。

多分これまでの自分は国際協力がしたかったのだ。でも今は違う。現地に行ってみて笑顔をもっと作りたい。医療関係者じゃないから、直接的に命は救えないけど笑顔なら作ることはできる気がする。

僕の方向性は抽象的ではあるのですがこの視察で少し定まったような気がしました。


いろんなことを考えているうちに飛行機は東京の上空まできていました。

窓から覗いた東京の景色は、いつもみていた景色とは違って見えたのでした。

この旅で心のフィルターが綺麗になったからなのか、前よりも美しいものが美しいと思えるし、幸せを感じやすくなった気がするのです。

カンボジアの夜空と東京の夜景は繋がっていることを考えたら、少し力が湧いてくる気がしました。

思い描く世界

これからどんな支援の形を取るかは明確に決まっていません。水問題の改善に取り組むのか、先ほど書いた教育に関する方面で支援していくのか、それとも両方を並行して行うのかは現地の人と連携をとりながら進めていきたいと思います。ときどき、慈善活動に興味があって自分も誰かの役に立ちたいと相談の連絡をしてくれるアスリートもいます。

正直始める時は勇気がいるし、周りからの目なども最初は気になって仕方がないと思います。大々的に活動内容を発信するのは恥ずかしかったし、偽善者と思われているんじゃないかと過剰に気にしてしまうこともありました。でも、実際にこの目で誰かの役に立てたという事実を確認することができたので、これから何かを言われることがあっても胸を張って活動を続けていこうと思います。

1つだけ確実に皆さんに言えることは、活動してみて後悔など1ミリも生まれなかったこと。支援といっても様々な方法があるので、自分ができると思える小さなことから始めていくのもいいのかもしれません。そして、このコラムが誰かの一歩を踏み出すきっかけとなれたら幸いです。

一冊の本から

実は、遠征以外で海外にいくのは今回が初めてでした。

ハワイに行って海で泳ぎたい、アメリカで大きなハンバーガーが食べたい、アラスカでオーロラが見たい、など死ぬまでに必ず行ってみたいと思う場所がいくつかありました。

人はいつ死ぬのかわからないのだから行けるうちに行っておこうと考えていましたが、一冊の本との出会いによって、僕は気づけばカンボジアへの飛行機に乗っていました。

もしも、この本に出会わなければ今頃は、ハワイのビーチにいたのかもしれません。

たくさんの人が旅行に行ってきては、自慢の入り混じった感想や思い出を話したりします。

そして、最後には「絶対一度は行ったほうがいいよ」と決まり文句のように言葉を発するのです。

その話を聞いて行ったことはなかったし、行きたいとも正直思えませんでした。

そんな心の動きにくい自分が、一冊の本によって、1つの文章によって、海外に飛ぶことを決意したのだから、本の影響力は凄まじいです。

本の影響で僕は行き先も、生き方も変わってしまう。

寺嶋良を成り立たせている50パーセントの読書とは、少なく見積もっていたのかもしれないと改めて思わされました。


（2023年10月『ダブドリ』Vol.18掲載）

ウォーミングアップ

第1Q

第2Q

ハーフタイム

第3Q

第4Q

大好きな街、広島と

寺嶋良×朝山正悟

朝山正悟 *Shogo Asayama*

１９８１年６月１日生、神奈川県横浜市出身。小学校５年生からバスケを始め、中学時代はジュニアオールスターに選ばれ、優勝。世田谷学園に進学し、国体とウインターカップで３位に導いた。その後、早稲田大学でもインカレ３位にチームを導いた。様々なチームで中心選手として活躍後、２０１５年に広島ドラゴンフライズに加入し、Mr.ドラゴンフライズとして活躍。２０２３‐24シーズン前に、今シーズン限りでの引退を発表した広島のレジェンド。１９２㎝、88㎏。

出会いが新しい扉を開けてくれる時がある。朝山正悟もまた、素晴らしき出会いをきっかけに自身の道が拓けたと語る。そして広島の街や人々と出会い、人生の山と谷を経験した。そんな朝山正悟と出会い、大きな影響を受けた選手がいる。そんな彼が引き出す、18ページでは到底収まりきらない朝山正悟のキャリアを辿る。

（取材日：2023年11月23日）

「将来の夢は「プロバスケットボール選手になる」ってことだったね。」

寺嶋　朝山さんがバスケを始めたきっかけを教えてもらえますか？

朝山　きっかけは両親も兄もバスケをやっていたんだよね。俺は野球と水泳をやっていたんだけど、そんなに上手じゃなかったからあんまり野球が好きじゃなくてさ（笑）。それで両親も兄もバスケをやっていたから、いつの間にか自然とって感じかな。

寺嶋　じゃあ、野球をやっていた経験が広島東洋カープの始球式にも活かされたってことですよね？

朝山　良、それはいじってるわ（笑）！

寺嶋　いじってないです（笑）。

一同　ハハハハハ。

朝山　良もいつか投げさせてもらえる機会があるかもしれないから、その時にわかると思う。でも、あの景色を見れたことは本当にありがたかったな。同じ広島であれだけ盛り上がっているプロスポーツがあることは、自分たちにとってひとつの憧れでもあるし、目標でもあるからさ。まあ、それでバスケは小学校5年生から始めたんだけど、身長も大きかったから一瞬でのめり込んだね。ミニバスのリングでダンクもできたし。

寺嶋　何センチだったんですか?

朝山　170センチぐらいだったのかな。卒業する時には176センチとか。本当にのめり込んじゃって授業中もバスケットボールを持って校庭のリングに1人で行っていたね。ただの問題児だった(笑)。うちの親はよく学校に謝りに来てたもん。でも、それぐらいバスケットが好きになった。その時から自分の将来の夢は「プロバスケットボール選手になる」ってことだったね。

「田臥さんのパスが取れなくて先生にめちゃくちゃ怒られた。」

寺嶋　中学校はどんな感じだったんですか?

朝山　本来行くはずの中学校にバスケットボール部がなかったんだよ。それでバスケ部がある学校に自転車で通っていた。たまにカバンを背負って走って行くこともあったな。中学の転機は、ジュニアオールスター(都道府県選抜)に選ばれたこと。ひとつ上に田臥勇太さん(宇都宮ブレックス)がいて、田臥さんのパスが取れなくて先生にめちゃくちゃ怒られたんだよ。当時、俺は1年生で1人だけ呼んでもらっていたから、こんなにうまい人たちがいるのかって。その中に田臥勇太っていうさらに飛び抜けた人がいた。あの経験は自分の原点だね。

寺嶋　当時の田臥さんと一緒にプレーできるのはめちゃくちゃ貴重ですよね。

朝山　そうだね。自分ももっと上のレベルを見るようになった。自分たちの代はジュニアオールスターで優勝したんだよ。当時は北海道が強くて、北北海道にいたのがシーホース三河の柏木真介。南北海道にいたのが、今は佐賀バルーナーズヘッドコーチの宮永雄太。千葉にはシャンソン化粧品へッドコーチの鵜澤潤もいたね。すごい同期のなかで、全国1位を取れたことがものすごく自信になったし、高校への道が拓けたよね。

寺嶋　じゃあ、高校から話がたくさん来たんですね？

朝山　そうなんだよ！

一同　ハハハハハ。

寺嶋　その中で、どうして世田谷学園だったんですか？

朝山　ひとつは寮生活が嫌だった！

寺嶋　朝山さんっぽいですね（笑）。

朝山　でも、唯一ここならって思ったのが能代工業。やっぱり勇太さんと一緒にやりたいなって気持ちがあった。でも、能代工業からは誘いがなかったんだよ。もちろん、全国の他の強豪校からも声はかけてもらっていたんだけど、その中で世田谷学園から声をかけてもらって、世田谷って意外と近いんだなと知ってさ。試合を見た時に、ハイペースでめちゃくちゃ面白かったんだよね。ここでやったら自分は伸びるんじゃないかなと思って世田谷学園に決めたって感じだね。

寺嶋　中学の時に、よく世田谷学園と練習試合をさせてもらっていたんですよ。当時もちょこちょこ朝山って名前を聞いていて、広島に来た時にパッと思い出したんです。体育館の下が柔道場で……。

朝山　そうそうそう！　高校では、1年と3年でインターハイとウインターカップに出させてもらった。その経験が自分の中では大きかったね。それこそ高校1年のインターハイは能代工業と同じ宿舎だったんだよ。当時の能代工業って言ったらね！

宮本　畑山さん（畑山陽一）の時代ですよね？

朝山　そう、畑山、田臥！　実業団よりも人気があったんじゃないかな。久しぶりに勇太さんに会って色んな話もしたし、俺は洗濯係だったんだけど、能代のリバーシブルとかが干してあるわけよ。もう盗んでやろうかと思ったもんね！

一同　ハハハハハ！

朝山　自分は1年生から1人だけ国体メンバーに選んでもらって、その時の決勝が能代工業単独チームの秋田だったんだよ。すごくいい試合をしたんだけど、最後は負けちゃった。高校2年の時はインターハイに出られないっていう挫折を経験して、その負けた時の悔しさが3年生の時に頑張る理由になったかな。結果的に3年生では国体とウインターカップで3位になれたって感じだね。

寺嶋　能代工業はスラムダンクの山王工業のモデルですけど、あのゾーンプレスってやっぱり凄かったんですか？

朝山　凄かったけど、俺らの頃はプレスどうこうっていうよりもとにかく田臥勇太が凄すぎちゃった。その上には畑山陽一さんっていうすごいプレーヤーもいたしね。プレスよりもゾーンディフェンスからの速攻と田臥勇太のアタックからのキックアウトを菊地さん（菊地勇樹）っていうシューターが高確率で決めてくるわけよ！

宮本　田臥、若月（徹）、菊地！

朝山　そう!!　俺らの世代は東海第四（現東海大札幌）がめちゃくちゃ強かったね。新潟商業とか宮崎の小林高校も強かったんだけど、東海第四のオールコートマンツーマン！　柏木、宮永、小原（和峰／札幌大学HC）の3ガードのディフェンスが半端なさすぎたんだよ！

宮本　やばかったですよね!!

朝山　本当にすごかった!!　俺の高校の同期は、中学の時に全国大会で優秀選手になったんだけど、柏木とマッチアップして高校でバスケットをやめるって決めたからね！「こんなすごいやつがいるなら、俺は上を目指さない」って。

寺嶋　柏木さん恐るべしですね。

朝山　ハーフコートまでボールが運べないんだから！　でも、俺らは誰も助けない。無責任なのも世田谷学園だから！

寺嶋　自分の仕事を全うするんですね！

朝山　そう、自分の仕事を貫く！

寺嶋　それも強さの秘密なんですね？

朝山　いやー、でたらめなだけだよ！

一同　ハハハハハ。

「俺は上のレベルでバスケをやりたいんだって気づいた。」

寺嶋　大学は早稲田に行かれます。

朝山　早稲田に入ったのは単純に名前だね。ありがたいことに当時の関東1部のいろんなチームから誘ってもらったんだけど、ほとんどが寮生活だったたし、自分の中で将来を考え始めて、バスケだけじゃないかもなって思い始めたのよ。だから高校の先生に、「どこの大学に行きたいんだ？　色んな誘いが来てるぞ」って言われて、「僕は早稲田に行きたいです」って。早稲田からの誘いは来てないのに（笑）！

一同　ハハハハハ！

朝山　でも、そこから早稲田の人に繋がったのか、声をかけていただいて早稲田に入れたんだよね。

寺嶋　僕も東海か早稲田で迷ってたんですよ。

一同　えー！

寺嶋　洛南って頭が良すぎて、指定校推薦で早稲田とかが余ってるんですよ。普通にみんな早稲田よりも上を受験するから、指定校推薦がスポーツクラスに回ってくるんです。

朝山　すげえな！

寺嶋　最初は早稲田に傾いていたんですけど、そのタイミングで東海に声をかけてもらって、東海への憧れもあったから東海に行くことにしたんです。

朝山　それでいうと俺が大学3年の時かな？　陸さん（陸川章／東海大学バスケットボール部監督）が東海の監督になったん

だよ。もし大学進学のタイミングで陸さんが東海にいたら、俺も東海に行ってたね。

宮本 朝山さんと陸さんは繋がっているんですか？

朝山 中学生の時に陸さんが近くの高校に来てくれたんです。現役時代の陸さんをずっと見ていて、ものすごく憧れの存在だった。その時に陸さんが、「一緒にやろうぜ」って言ってくれて混ぜてもらって、バッシュまでもらっちゃった。めちゃくちゃでかかったんだけど、靴下を何枚も重ねて、それをずっと履いたら、中学3年のときにはサイズがぴったりになったの！

寺嶋 なんか繋がりますね。

朝山 そうだね。そんなこんなで早稲田に行くことができたんだけど、早稲田は当時2部だった。「俺が入学して1部に上げるんだ」みたいな気持ちで入学したんだけど、色んな楽しさとかも味わっちゃってさ（笑）。大学1年、2年は、自分のバスケ人生の中で唯一腑抜けた時代だったね。大学2年の時に、さっき少し話した能代工業の畑山さんも早稲田だったから一緒にやってたんだよ。熱い思いを持った人で、ずっと仲良くさせてもらっていた。そんな畑山さんが引退する時に、「お前はもったいない。こんなところで終わっちゃいけない人間だと思う」って言ってくれたの。それが俺の中で凄く響いたんだよね。畑山さんが、最後の試合の後にめちゃめちゃ泣いていて、それを見た時に、「なんてことをしてしまったんだろう」って思った。スタートで出させてもらっていたのに、こんな気持ちでプレーして先輩たちを引退させてしまった。

こんなんじゃダメだって思って、心を入れ替えて、真剣にバスケに向き合ったのが大学3年からだね。

寺嶋　そうだったんですね。

朝山　それで1部に上がって、インカレでも3位になり、個人賞ももらった。中学も高校もやんちゃしてたけど、先生や仲間たち、周りの人たちがいつも助けてくれた。人との出会いって大きいなって思って、その時に俺は上のレベルでバスケがやりたいんだって気づいたんだよね。

「一番の財産は折茂さんと佐古さんと同じチームでプレーできたこと。」

寺嶋　そこから日立サンロッカーズ（現サンロッカーズ渋谷）ですけど、日立にいたのは1年ぐらいでしたよね？

朝山　そうなんだよ。これが本当に自分の分岐点だったね。日立に入れたのは良かったんだけど、自分の中でモヤモヤが消えなかった。当時は午前中が仕事で、午後が練習。午前中しか職場にいないから、1年目の人間に仕事なんか与えられない。「いいよ、午前中はゆっくりしてな」って感じで、毎日パソコンでインターネットをカチカチしてるだけなの。気づいたら寝てて、「ああああああ……」って入力されてるみたいな！

一同　ハハハハハ。

朝山　「なんだろう、この時間」って思っちゃったんだよね。せっかくこの世界に入れたんだから、とことん燃え尽きたい。だから1年で「辞めます」って言ったんだよね。そしたら当たり前だけど、めちゃくちや怒られてさ。

寺嶋　よく言えましたね（笑）。

朝山　ハハハ。そして、たまたまOSGフェニックス（以下OSG）が拾ってくれた。今でいう三遠ネオフェニックスか。待遇は良いとは言えなかったけど、自分はプロバスケットボール選手としてやっていくんだって。そこがプロ選手としてスタートになったよね。当時は体育館が24時間使えたから、腱鞘炎になるぐらいシュートを打ち込んだ。移籍した1年目にファイナルまでいけて、当時めちゃくちゃ強かったトヨタ自動車（現アルバルク東京）と戦って、そこから日本代表候補としても活動させてもらった。あの頃が自分の土台となっているし、中村和雄さん（当時のOSG監督）に出会ったのも大きかったね。

寺嶋　三遠がbjリーグに行ったのはいつでしたっけ？

朝山　俺が3シーズンを終えた次の年だね。当時はいろいろあって、所属している全員が自由交渉リストに載らないといけなかったんだよ。俺はなんとなくそのままbjリーグに行くと思っていたんだけど、思いの外たくさん声をかけてもらった。そのひとつが当時は数少ないプロクラブだったレラカムイ北海道で、代表合宿で折茂さん（折茂武彦／レバンガ北海道代表取締役社長）とずっと同じ部屋だったんだよ。折茂さんが「俺と一緒にやらないか」って声をかけてくれて、初めてのプロクラブ、レラカムイ北海道に移籍したって感じだね。

宮本　稚内の合宿とか、めちゃくちゃ寒い体育館で練習を（笑）！

朝山　そう、めちゃめちゃ寒くてね（笑）！　環境も今とは比べ物にならなかったけど、あそこでプロクラブってこういうことなんだなって。バスケットボールプレーヤーっていうのはバスケットだけをしていればいいわけではないんだってことを学ぶことができた。あの経験はめちゃくちゃでかかったね。

寺嶋　広島に来る前からいろんな経験をされていたんですね。

朝山　そうだね。でも、広島で俺が味わった大変さはまた違う大変さだね！

一同　ハハハハハ。

寺嶋　その後にアイシン（現シーホース三河）で初めての優勝を経験します。

朝山　リーグと天皇杯で３回の優勝を経験させてもらった。勝つために必要なことを学んだよね。ただ単純にいい選手が集まっているから勝てるわけじゃないことを知ったし、20年のキャリアの中でたくさんの財産があるけど、その中でもこれはっていうものをあげるなら日本バスケットを牽引してきた折茂さんと佐古さん（佐古賢一／シーホース三河シニアプロデューサー）と同じチームでプレーできたこと。日本代表で２人と一緒にやった選手はたくさんいるけれど、同じチームで一緒にやれた選手はそんなに多くない。２人と一緒にやらせてもらったことで、バスケットにおける考え方が本当に変わったね。その分、生意気にもなったかもしれないけれど、色んなことを考えられるようになったと思うね。

佐古さんの下でやりたいから、自分の中では決まっていた。

寺嶋　人生って山もあって谷もあるじゃないですか。僕はその谷を読者の方にも知ってほしいんです。栄光のアイシンは一旦終了して……。

朝山　栄光のアイシン、その後に三菱（現名古屋ダイヤモンドドルフィンズ）を経験させてもらって、ついに広島よ！

寺嶋　広島に来た理由はなんだったんですか？

朝山　広島の初代ヘッドコーチを務めた佐古さん！　ズバリそれだよね。佐古さんの現役最後の2年を一緒にやらせてもらって、本当に色んなことを学ばさせてもらった。自分が30歳ぐらいの時だったんだけど、悩んでたことを全部打ち明けて、「これでいいんだ」って再確認させてもらった。昔、佐古さんと新幹線で帰っていた時に、色んなことを話していたら、自然と涙が溢れてきてさ。その時から自分の中で佐古さんに対する強い思いがあったから、広島でどんなチームを作るのか。それが気になったっていうのが大きかった。本当はチームができた年にも声をかけてもらったんだよね。

寺嶋　そうなんですね。

朝山　うん。でも、三菱にも恩があったし、最初のシーズンを終えたばかりだったから、個人的な気持ちで離れるわけにはいかないなって思って、その時は断ったんだよね。でも、1年後にもう1回声をかけてくれて、これは行くタイミングだなって思った。「やらせてください」って伝えたけど、当時の広島は本当にお金がなかったから！

一同 ハハハハハ。

朝山 今でも忘れないね。当然、佐古さんの下でやりたいから、自分の中では決まっていたんだよ。だから、契約内容も聞かずに「行きます！」って返事をしていたわけ。俺って契約はいつも一発押しなんだよね。クラブが評価してくれたものが自分の全てだと思っているから、そのスタイルでやってきているんだけど、唯一広島で後悔したことがあるとしたら……そこかな（笑）。

一同 ハハハハハ。

朝山 最終的には佐古さんへの思いでドーンっていったけど、契約書を見たときに、「うーん」って思ったのよ（笑）。家に帰って、嫁には「ごめんな」って一言だけ言った。

寺嶋 ハハハハハ。

朝山 俺はそれ以上に自分の思いとか、人との繋がりを大事したい。だから、このクラブでやりたいと思っているんだっていうのが広島のスタートだね。

［ここまでの繋がりや思いを大事にできるクラブであり続けたい。］

宮本 佐古さんがいなければ、今ここにいないかもしれないってことですよね？

朝山 本当にそうだと思う。広島とは何の縁もなかったけど、一番濃い人生を送っていると思う。もう自分の故郷って言ってもいいし、これだけ好きになった広島の街、広島の人たちと出会えたのは、佐古さんがきっかけだからね。

寺嶋 でも、佐古さんも辞めちゃうじゃないですか？

朝山　そうなんだよ。もうこの辺の話はしていいと思うんだけど、それこそ佐古さんが俺に声をかけてくれた時に、「ずっと広島にいるつもりはない」って言っていたんだよ。でも、まさか佐古さんが2年で離れることになるとは俺自身も思っていなかったから、離れるタイミングで、「俺が引退してヘッドコーチをやります」って言ったんだよ。そしたら、めちゃめちゃキレられてさ。「ふざけんじゃねーー！　そんなつもりで俺はお前を呼んでない。まだバスケがやりたいんだろ？」って。その時、俺は怪我をしていたタイミングだったの。確かにもう一回復活してプレーしたいと思っていたんだけど、佐古さんに、「やり残したことがあるんだろ？　自分の気持ちに嘘をつくな」って言われてさ。今までの自分の生き方を振り返って、違ったなって気づかせてもらった。だからこそ、自分が佐古さんとか広島の思いを背負おうと思ったんだよね。

寺嶋　そういうことだったんですね。

朝山　まあ、背負おうと思ったんだけど、いきなり色んなことがありすぎちゃって(笑)。だから、自分自身がどこまで背負えるのか。どこまでやっていけるのかっていうのは、本当に行き当たりばったりでただただやっていくしかなかった。そこに追い打ちをかけるかのように、コーチが辞めちゃって……。

寺嶋　そうですよね。

朝山　本当にクラブの存続が……っていう状況になってしまった。もしも試合ができなかったらってことも言われたな。みんなでどうするって話し合ったのが水曜日だったんだよ。

寺嶋　それで土日が試合ですよね？

朝山　そう、しかもアウェイでね。当時のスタッフと一睡もせずに考えて、ひとつの案として俺がJBAのB級コーチライセンスを持っていたから、それでできるぞってなった。とりあえずは兼任でって話が進んだ結果、週末に2連勝して雰囲気が良くなっちゃったわけ。コーチとしては何もしてないんだけど、本当に一瞬だけこのクラブが立ち上がったんだよね。みんなの想いが、応援してくれる人が、「支えよう！」ってひとつになった。そこからはチーム練習をやる。そのための練習メニューを考える。週末の試合のために映像を見て、練習後に自分のコンディションを整えるためのトレーニングをする。すぐ家に帰って、着替えたら夜の会食。それはスポンサー営業でもあったから、夜中に帰ってきて、また映像を見返してっていう生活をシーズン最後までやり切ったんだよ。

寺嶋　すごすぎますよ。

朝山　もちろん苦しかったし、投げだしたかったし、家族の時間なんて全くなかった。でも今思うと、その経験が本当に自分の財産になってるし、そこから得られたものや自分が見ることのできた景色の大きさを感じるんだよね。

寺嶋　そこで途絶えてたら、僕らは今ここにいないですもんね。

朝山　それは本当に今のオーナーだったり、社長、GMとか色んな人が頑張った結果だよ。色んな人が助けてくれた。あそこを持ち堪えたことは大きかったからこそ、ここまでの繋がりや思いを大事にできるクラブであり続けたい。俺は本当にそう思う。広島にある限りは、この地域にある所以というか、あるべき姿って絶対に必要だと思う。俺よりも前の人から繋いでもらったものがあるし、また繋いでいくものがある。だからこそ、それを繋ごうとしてくれている良が入ってきてくれたことは、俺にとってもすごく嬉しい出来事だったんだよね。

「大好きになった広島、大好きになったチームにも嘘をつくことになっちゃう。」

寺嶋　引退を決意した理由と、僕たち後輩に伝えたいことってありますか？

朝山　引退に関しては毎年のようによぎってはいたんだけど、自分自身がバスケットを上手になりたくて、大好きなことは今も変わらない。でも、そこまでの過程を踏むことが、すごく不安になって、怖くなったんだよね。練習に行く道のりだったり、試合のための準備とか、試合に向かうコートまで。そこって不安とか緊張ってあるじゃん？　でも、それとはまた別のものが生まれてきちゃった。その割合が楽しみとか、好きとかっていう思いよりも大きくなっちゃった。それを自分自身で認めたときに終わりだなって思ったんだよね。

寺嶋　そこでも自分には嘘はつかないんですね。

朝山　そうだね。自分自身の気持ちに嘘をついていたら、大好きになった広島、大好きになったチームにも嘘をつくことになっちゃう。それは絶対に嫌だなって思った。そこが一番かな。後輩たちに伝えたいことはスーパーリーグ、ＪＢＬ、ＮＢＬ、そしてB.LEAGUEを経験させてもらった選手はそんなに多くない。その中で、自分だからこそ経験できたもの、見えてきたものが本当にたくさんあるんだよね。その間にバスケット自体も大きく変わっていった。でも、バスケット界のゴールはここじゃないし、まだまだ発展の途中だよね。これからもっと素晴らしいバスケット界にするために、今の選手はこういう環境だからこそ味わえるものもある反面、きついこともたくさんあると思う。だからこそ俺は１人のプレーヤーである前に、１人の人間であることを考えてほしいな。自分の思いを周りに伝えられたり、思いを下の世代に繋げていけるような人間でいて欲しい。もっともっとバスケットの魅力を知っていってもらうのであれば、その人間の背景を知っていってもらうことってやっぱり大事なんだよね。

寺嶋　そうですよね。まさにそれをやってくれているのがダブドリなんですよ。

朝山　本当にそうだよね！　そういう一面を知ってもらうことで見に行こう、応援に行こうっていうきっかけが増えるんじゃないかな。そんな未来になってほしいし、ドラゴンフライズがもっと魅力的なチームになって、広島のバスケットがもっと盛り上がってくれたらって思うかな。

超新星

「とことん燃え尽きたい」
朝山さんが口にした時、「超新星」が脳裏をよぎった。

【新星】 突然はっきりした輝きを現して、後、次第に薄れていく星。
【超新星】 星の進化の最後を飾る大爆発であり、新星の100万倍の光量を放つ。

新星に超が付くと、新しい星が生まれたのかと思ったが、そうではなかった。
星が進化の最後に、どの星よりも輝く瞬間のことを言うそうだ。
朝山さんが引退を決意した理由、それは衰えによるものだろうか。

いや、違う。

超新星のように、もう一度最後に強い輝きを放つためだと思う。
※朝山正悟
２０２３-24シーズンで引退を発表した広島ドラゴンフライズのレジェンドプレーヤー。

新たな依頼

「プロバスケ選手になってからの憧れはダブドリに掲載されること」

ダブドリVol.14でコラム（「言葉という武器」27頁）の連載が始まった回でそのように綴りました。

ルーキーシーズンにダブドリのインタビューを受け、自分の記事が掲載されたことが嬉しくて何冊も購入した時のことがついこのあいだのように思い出されます。

そして、今では連載コラムまで書かせていただくことができ、とても光栄なことだと思っています。

そんな僕に、ダブドリから新たな依頼が入りました。

「朝山さんのインタビュアーをしてみませんか」

それに対して、僕はすぐに丁寧な断りの返信文を送らせてもらいました。

「どうか他の人に頼んでください」と。

多くの人はページの数字が若い方から読むと思うので、すでに気づいていると思いますが、結果的に僕は朝山さんのインタビュアーを担当しました。

これまで僕は、試合への意気込みから、反省や課題、プライベートのことまで様々なことを聞かれることは多々ありましたが、まさか聞く側の立場になるとは思いもよりませんでした。

ただ、断った理由はそこではありません。

なぜ僕が断りの返信をしたのか。

それは「朝山さん」だったからです。

20年

「20年」この数字が何を表しているのかわかるでしょうか？

勘の鋭い読者であれば、見当がついているはずです。

そう、この数字は僕がバスケットボールをしてきた年月です。それと同時に朝山さんが大学卒業後、プロバスケットボール選手として走り続けてきた年月でもあります。


東京のとある小学校で、6歳の寺嶋がバスケットボールをはじめたのと同じ年に大学を卒業した朝山さんが日立サンロッカーズ（現サンロッカーズ渋谷）に入団。そうして、現在同じプロバスケチームに所属していることを思うと、感慨深いです。

僕は広島ドラゴンフライズに移籍後、何度も壁にぶつかってきましたが、朝山さんの助言に幾度となく救われてきました。


朝山さんと一緒にご飯を食べている時や温泉に行った時に、これまでの20年間について聞くと、それはまるで朝山正悟という一冊の本を読んでいるようでした。

奇想天外で、山あり谷あり、涙あり笑いあり。まるでそれは小説の物語の主人公そのものでした。

その物語にはたくさんの登場人物がいますが、朝山さんを語るには欠かせないたくさんの人物たちがいたのです。冒険小説で言うならば、師匠のような存在、他にはヒロイン役であったり、ライバル、親友のような人物など。

もしも、僕がその小説に出演できるのであれば、その役柄は休息で立ち寄った村に住む「村人A」の役ぐらいではないかと思います。そんな村人Aが、主人公に20年間の冒険について軽々しく質問なんてできたものではありません。本来なら冒険を共にし、痛みも喜びも同じように味わってきた同志が「懐かしいよなー、そんなこともあったよなー」と20年間を振り返りながら話すのが一番適していると思っていたからです。

僕には恐れ多くて、適任ではない。
もっとそれに適した人がいる。
だから、僕は断らせていただこうと思ったのでした。ただ、心のどこかでは、その依頼にワクワクしている自分もいました。そこでダブドリ編集長には、少し考えさせて欲しいと時間をもらうことにしました。

早速、次の日の朝に、直接朝山さんに尋ねてみました。

「僕がやっても大丈夫ですかね」

返答はやっぱり朝山さんらしかった。

「全然いいよ！　良にやってもらえるのは嬉しいよ！」

満面の笑顔でそう答えてくれたのでした。


そして、その日の夜、ダブドリ編集長に「依頼を受けます」「やらせてください」と言う連絡を入れたのでした。

冒険の結末

これからその本の物語は最終章の結末部分に入ろうとしています。

あるインタビューで、朝山さんは「広島のユニフォームを着て優勝したい」とも言っています。もしも一冊の本であれば、最後には劇的な優勝をして読者を感動させるのが定番でしょう。

今、まさに現在進行形でこの物語は終わりを迎えようとしています。

感動的な結末で終わるのか、それとも続編が存在するかのように中途半端な結末になるのか。

それはたった今、パソコンの前でキーボードをカチカチと叩いている村人Aにも責任がかかっていることになります。

村人Aだけが感じていることではなく、選手、スタッフ、全てのチーム関係者、そして一緒に戦うブースターも同じ気持ちを抱いているのがひしひしと伝わってきています。

朝山さん語録

本来このコラムでは、一冊の本の感銘を受けた一文について自分の考えや経験に基づいた文書を書いています。なので、これまでと同じように読んだ一冊をもとに書きます。

しかし、この世にその本は存在しません。

僕の中にだけ存在する本なので、ご了承ください。

●自分の気持ちに嘘をついたらいけない

朝山さんには常にブレることのない芯が存在しています。

僕にはそのような芯がないから、誰かの一言で左右されてしまいます。それを見かねて、ブ

しかけているると声をかけてくれるのですが、その中でも、

「自分の気持ちに嘘をついたらいけないぞ。我慢するぐらいなら他人に迷惑をかけても自分で納得ができる方を選びなさい」

この言葉に何度も救われて気持ちが楽になりました。自分の気持ちにさらに向き合うようになったのは、この言葉をかけてもらってからでした。

●無心で放ったシュートであれば、それはベストショット。

これは、僕がシュートの確率が急激に落ちたことに悩んでいるときに、高校生を通じて僕に伝えてくれた言葉でした。

この日は、プライベートで温泉に連れて行ってもらっていました。偶然居合わせたバスケをしている高校生が僕たちに気づき、ソワソワとした様子だったのですが、朝山さんは自ら彼らに声をかけ、いろんなバスケの話をし始めました。高校生のバスケの悩みなどに真摯に向き合い、的確なアドバイスをしてあげていたのでした。

その中でも「シューターとして何を意識したらいいですか？」という質問に対して、「あまり考えすぎなくていいよ。無心で放ったシュートであればそれはベストショットであって、他にそのシュートよりも正しい選択肢もないし、外しても気にしなくていいんだよ」と答えていたことが印象に残っています。

近頃の試合で僕は、シュートに迷いが生まれていました。これまで気持ちよく打てていたシュートが、タイミングを考えてしまったり、ドライブやパスと迷ったりすることで、大きく確率まで下げてしまいました。そんな中でのこの言葉には、ハッとさせられました。

朝山さんはこれまでにさまざまなアドバイスをしてくれましたが、一度も意見を押し付けるようなことはしませんでした。

ヒントをそっと置いたり、今回のように間接的に伝わるようにしたりと、細かな気遣いまでしてくれているのです。

この日からはシュートの不調が嘘だったかのように、好調に戻ったのでした。

真っ直ぐで真正面から

「広島の街で石を投げれば朝山ファンに当たる」と言っても過言ではないぐらい、広島での朝山さんの人気と知名度は高いです。ただ8年いたからというだけでは、そこまでに至るのは難しいことではないでしょうか。

ではなぜ、そこまでに至ったのか。

そこには人としての歪みの無さがあるからだと思います。

バスケットボールをしている姿を見ていて、歪みがなく一直線に真上に伸びた体から放たれたシュートは、綺麗な弧を描いてネットを静かに揺らします。

そのシュートの秘訣はヘッドポジションがブレないからだと、長年広島でトレーナーをしている森田さん（森田憲吾／広島ドラゴンフライズヘッドトレーナー）も話していました。ヘッドポジションがブレないというのは頭が前後左右に突っ込むことがなく重心が定まった状態のことを言います。

このヘッドポジションというのは、僕の今の課題にもなっています。

スピードを出す際に前屈みになりすぎて、頭が前方に突っ込んでしまいます。そうすると、視野が狭くなり、急に止まることも難しくなってしまいます。ガードとしては、ヘッドポジションを意識するだけでも、技術面にいい影響を与えてくれるはずです。
そして、ヘッドポジションが全くブレることのない朝山さんはプライベートでもとにかく姿勢がいいのです。会食の場でも、僕の場合、コース料理で最後のデザートが運ばれてくる頃には、初めは真っ直ぐ伸ばしていた背筋は曲がってきてしまうのですが、朝山さんは「あれ、たった今座ったのかな」と思うほど良い姿勢を保っているのです。

猫背の僕はいつも感心してしまいます。

朝山さんの真っ直ぐに伸びた綺麗なフォームや会食での姿勢などは、芸術的な要素すら感じさせます。たったの3年間ですが近くにいて感じた最も真っ直ぐな部分は「考え方」だと思います。「考え方」と言ってもさまざまなものが含まれていますが、特にバスケットボールへの向き合い方や考え方は本当に真っ直ぐだと感じます。

いろんな知識を吸収し、長年の経験というフィルターを通して、自分なりの考えを持つ。
それは他人の考え方と食い違うこともあるかもしれませんが、そこにはいつも「筋」が通っていて、本質を突いているのです。
朝山さんの言葉にはいつだって重みがあり、あたたかいのです。

朝山さんは、オフシーズンになると山登りをよくすると言っていました。

20年というプロ人生を辿ってもそこにはいろんな障害が立ちはだかり、それは山もあり谷もある中で、登っては降りてを繰り返してきたに違いありません。ただそこから逃げたり、遠回りをすることはなく、どんな障害に対しても真正面から立ち向かってこられたように感じています。それは自分のためだけではなく、後輩やB.LEAGUEのためにもそうしてきたように感じとれました。

もしも進路の先に断崖絶壁の崖があっても、朝山さんは一番にそこを登り、道がそこに存在することを証明して、これから登ってくる誰かに示しているような人なのです。

この広島ドラゴンフライズでの8年間は、壮絶な崖っぷちの中で道を示してくれたのではないでしょうか。

昨シーズン（2022-23）のチームスローガン「頂（いただき）」。

そして今シーズン（2023-24）のスローガンが「keep going」。

まさに僕たちはずっと山頂を目指し、今も登り続けている最中です。朝山さんと広島は、ずっと登り続けてきました。山登り好きの朝山さんがこれまでに見てきたどの頂よりも素敵な景色を見せたい。そして一試合一試合を噛み締めてコートに立ち続けたいと強く思います。

#2と#0

ユニフォームの番号で0番を付けていると、選手入場をするときを含め、何をするにしても番号順で行うものは、僕が先頭に立つことになります。

同時に僕の後ろには必ず朝山さんがいます。

これまで常に後ろから見守ってもらっていたことによる安心感は本当に大きいものでしたが、果たして、朝山さんから見た僕の背中はどう見えていたのでしょうか。

きっと、頼りない背中だったのではないでしょうか。

もうすぐ、後ろを振り向いても朝山さんの姿を見ることができなくなってしまいます。

まだ実感は一切湧かないのですが、その日を迎えたときには少し寂しさも感じるのではないかと思います。

ただ、広島の2番はこれからもずっと色褪せることなくみんなの心に残るのではないでしょうか。その偉大な朱色の2番に0番が肩を並べられる日を目指してこれからも努力し走り続けたいと思います。

そして、また日の丸を背負って世界の舞台に立てるように。

#20

（2024年2月『ダブドリ』Vol.19掲載）

寄り道

右大腿骨内顆骨挫傷
右脛骨近位骨挫傷
右膝内側側副靱帯損傷

2024年3月3日の試合で、全治8週から10週の怪我を負ってしまいました。

あの日松葉杖をついて帰宅したあと、本棚の前に座り、300冊近くある本棚の本のタイトルを端から端まで眺めていました。

これは決して珍しい行動ではなくて、大きな悩み事だったり、疲れたときによくやる行動の一つです。

チームドクターからは2本の松葉杖を渡されたものの、精神的な部分を支えてくれるような松葉杖が欲しくて、その代わりになるような本を探していたのでした。

今回は何本もある精神的な面を支えてくれた松葉杖の中から数冊の本を紹介したいと思います。

I'LL SHOW YOU

本棚を眺めていて、一番に手にとった本がありました。

それは株式会社ダブドリが出版している『I'LL SHOW YOU デリック・ローズ自伝』という本でした。

2018年のハロウィーンの日に行われた試合で、1人で50得点をあげ、最後は相手選手が放ったシュートをブロックし、チームを勝利に導いたNBA選手がいました。それがデリック・ローズ選手です。彼は6年間で4度の膝の手術を乗り越え、コートで再び輝いていたのでした。

※デリック・ローズ

シカゴ生まれ、シカゴ育ち。2008年のNBAドラフト全体1位でシカゴ・ブルズが指名。リーグ新人王に選出され、２０１１年には22歳にしてリーグ史上最年少ＭＶＰとなった。他にニューヨーク・ニックス、クリーブランド・キャバリアーズ、ミネソタ・ティンバーウルブス、デトロイト・ピストンズ、メンフィス・グリズリーズでプレーしている。

デリック・ローズ選手はスピードとクイックネスでたくさんの人を魅了してきた、僕が最も目標としている選手です。

バスケ選手として順風満帆にキャリアを歩んでいるように見えましたが、ある試合での大怪我によって彼の人生は試練の連続となります。

復帰後は持ち味であったスピードやクイックネスは少し失われたように見えましたが、僕の目には一回りも二回りも強くなって帰ってきたように感じました。他の人にはどう見えているのかはわかりませんが、少なくとも僕はそう信じています。

この本は、デリック・ローズ選手が膝の怪我を負った瞬間から、検査を受け診断結果を告げられた後までに感じていた気持ちが細かく綴られているので、怪我直後の自分にとって松葉杖のような存在になってくれました。

他にも様々な本から、精神的な面での松葉杖となる本を探しましたが、この本ほど今の自分にしっくりとくる松葉杖はありませんでした。まさか、こうして連載コラムをもたせていただいている株式会社ダブドリの出版作品に救われるとは不思議な感覚です。

自分でしっかりと歩けるようになるまではこの作品に頼る気持ちでいるのと、いつか自分の文章が誰かの松葉杖になれたらいいなとも思っています。

●苦しんでいる人たちの希望の象徴になる

本書から特に影響を受けた箇所は彼が怪我した後に言った一言でした。

「苦しんでいる人たちの希望の象徴になるためにこの境遇に陥ったのではないかと気づいたんだ」

自分自身も大きな怪我をして「希望が薄れていく」という感覚を経験しました。アスリートにとって怪我というのは目標が一瞬にして叶わなくなる瞬間でもあります。

数年後に叶えられるような目標であれば、数ヶ月や一年を復帰に費やしたとしてもどうにかリカバーができるかもしれませんが、数ヶ月後の目標達成に向けて努力を積み重ねてきた時などは怪我の大きさによっては諦めざるを得ないときがあります。

そうなると、希望のようなものも怪我と同時に失うような感覚になります。

すぐに目標を新たに設定し、再び進み始めることが出来たらいいかもしれませんが、そんな切り替えが怪我後に簡単にできるものでもありません。

そこで、必要なのは誰かが立ち上がり方を見せることだと思います。

怪我をすると、「もう今までのようなプレーはできなくなるのではないか」「プレーに恐怖心が生まれてしまわないだろうか」などといった不安やネガティブな思考が生まれてしまいます。

そうした誰しもが作ってしまう固定観念をローズ選手は自らのキャリアを通して、間違っていると証明してくれました。まさに怪我人や挫折して何かを失いかけている人間にとって希望の象徴となったのです。

ナナメの夕暮れ

周りの人からは焦らずにゆっくり治すように言われていますが、無意識のうちに焦りが見える瞬間があるように感じます。焦りが出てくると、今の積み重ねている努力が本当に正しいのだろうかと不安に感じ、疑いはじめてしまうことがあります。それが一番最悪な状況に陥ってしまう原因でもあります。

そんな時にいつもある言葉を思い出します。

僕が尊敬するオードリーの若林正恭さんの著書『ナナメの夕暮れ』にて「ネガティブを潰すのはポジティブではない、没頭だ」という言葉です。

今はコラムを書くことに没頭したり、英会話ＮＯＶＡの授業をオンラインで受けたりと頭の中に湧き出てくる不安だったり焦りだったりを、何かに没頭することで掻き消しています。

無理にポジティブな考えを持とうとすると疲れてしまうし、偽りの自分を作らなくてはいけなくなります。怪我と長く向き合う中で、僕はポジティブよりも没頭によってネガティブを潰していこうと思えました。

宇宙兄弟11巻

高校生の時に宇宙兄弟をはじめて読んだときから、ずっとこの漫画の大ファンでそれぞれの登場人物の言動に大きな刺激を受けてきました。

本作品の魅力は主要キャラクターに限らず、ほとんどの登場人物にスポットライトが当てられ、その人の過去だったり本人のいろんな心境が描かれているので読んでいるとあらゆる視点で物事を捉えることができ、登場人物の誰かしらには感情移入をすることができるようになっています。

宇宙兄弟にはたくさんの名言がありますが、その中でも今回は11巻の言葉を紹介します。

「迷ってるヒマなんてない…人生は短いんだ…!」

このセリフはビンスという登場人物が過去に親友を亡くした時の回想シーンで言った言葉です。

時間の流れというのは早いもので、これまで若手選手として扱われていた僕は今ではチームの年齢的にも上から数えたほうが早く、中堅の位置にいます。それは同時に、プロ選手としてコートに立てる期間が思っているほど長くはないようにも感じた瞬間でした。

この言葉を読んだときに、たかが2、3ヶ月の期間だとはいえ、この期間は一切無駄にしてはいけない期間だというのも認識できましたし、迷っている時間なんてなくて、少しでもいいから前に進み続けないといけないんだと自分を鼓舞することが出来ました。

ダブドリ

株式会社ダブドリを推しすぎているようで少し抵抗はあるのですが、ダブドリはかなり頼もしい支えとなってくれました。

ダブドリは今こうして連載コラムを持たせていただく前からのファンであり、実家の本棚には全巻が並んでいるほどです。

これまでこのコラムを読んでくれている方なら知っているとは思いますが、B.LEAGUE、世界で活躍している日本人選手にスポットライトをあて、それぞれのこれまでの人生を深掘りしていきます。そういった意味では少し、宇宙兄弟と共通する部分があるのかもしれません。

それぞれの人を深掘りしていく中で、やっぱり多くの人が口にしていたのは怪我についてでした。怪我というのは、キャリアを通して大きな出来事であり、その選手の未来を大きく左右するものでもあるようです。ダブドリではいろんな選手の怪我との向き合い方について書いていたりするので、読んでいて参考になる部分が多々ありました。

このコラムもいずれ誰かの参考になったり、モチベーションになったらこれほど嬉しいことはありません。

葛藤

怪我後は様々な本を読むことによって心の松葉杖を作り、支えてきたつもりですが、やはり今でも葛藤などが度々、頭をよぎる瞬間があります。

このコラムを書いている時と読者が手にとって読む時には少しタイムラグがあるので、噛み合わない部分もあるかもしれませんが、今の気持ちを正直に綴ります。

前回のダブドリVol.19（「超新星」１２６頁）を読んでくれた方なら、朝山さんとの対談記事やコラムのことも読んでいただけていると思いますが、僕にはどうしても2023－24シーズンに、チームをCS（CHAMPIONSHIP）に導かないといけない理由がありました。

そして、このコラムが皆さんの手元に届くときには、広島ドラゴンフライズの順位や結果はもう既に決まっているかもしれません。

怪我の経過が良ければ、CSに復帰できる可能性があるそうですが、2ヶ月というブランクを簡単には取り戻すことはできないことは理解しています。しかし本心はやっぱり今シーズンに復帰してコートに立ちたいと思っています。

その一方で、焦って復帰して再び怪我をしてしまったら元も子もないということは理解していて、パワーアップして帰ってくると約束した以上は、チームの足を引っ張るようなプレーだけはしたくないと思っている自分もいます。

正直、どちらが正しいのかは薄々自分の中で答えは出ています。

様々な葛藤がある中で復帰に向けて専念していますが、時には「みんなが思う正しい」と「僕が思う正しい」が異なることもあるわけで、自分が本当に後悔しない選択をしたいと思っています。

偶然ではなく必然

これまでに本を読んだり、執筆することが多かったので自分の内側（精神面）と向き合う時間は多くありました。しかし、振り返ってみると自分の外側（身体面）と向き合うことは少なかったように感じます。

デリック・ローズ選手が怪我前はケアなども含め自分の体と向き合ってこなかったが怪我をして考え方が変わったことを話していましたが、僕も同じように怪我をする前は、身体に違和感を覚えたり、痛みを感じても「湿布を貼っとけば治るでしょ」と身体に向き合おうとしてきませんでした。小さい頃からお風呂上がりにストレッチをしなさいと母に言われても、サボり続けていました。

僕のプレースタイルはアグレッシブにゴールに突っ込むスタイルなので、常に怪我のリスクを抱えながら、身体を酷使してきました。広島ドラゴンフライズでは毎日のように練習後や試合後は必ずトレーナーがストレッチやケアをしてくれていて、それにずっと救われてきたのだと改めて気づかされました。

これからは個人でも身体と向き合っていく必要があります。これを読んでいる子どもたちや学生にはもっと身体と向き合いながらスポーツに専念してほしいです。

この怪我には必ず意味があり、偶然ではなく必然だったのだと思います。

そこから何を学ぶのかが試されています。

寄り道

これから進む道は、他の人から見ると一見遠回りに見えるかもしれません。

ですが、僕にとってこれは遠回りではなく「寄り道」なのです。

RPGゲームで例えるなら、欲しいアイテムをゲットするために緊急クエストに挑むようなものです。

今でも覚えています。まだ小学校低学年の時に下校中に寄り道をしたこと。

親に迷惑をかけたり、学校の先生にも怒られたけどとても楽しかったし、普段は見れない景色も見ることができた、あのドキドキとワクワクは今でも鮮明に覚えています。

今回また、たくさんの人に迷惑をかけてしまうけど、少し寄り道して帰ります。

またコートの上で走り回る姿を見せられるのは寄り道次第で来シーズンになるかもしれませんが、少しでも早く帰ってこられるようにしますね。

またコートの上で「ただいま」と言える日を楽しみにしています。

怪我から五日後の寺嶋良より。

誓約書

いつか、この文章を読み返したときに、何を感じているだろうか。

真っ直ぐ立つことができるようになり、松葉杖がとれて歩き始め、やがてジョギングを開始する。気づけばシューティングなんかも始めたりして、その後には厳しいランニングトレーニングが待っているんじゃないかと思う。

経過が良ければ今シーズンにコートに立つことができている可能性だってある。

そのときの自分はどんな気持ちで、どんな文章を書くのだろうか。

ただ確かなことは、この文章は今しか書くことができないし、同じ文章を書こうとしても半年後、一年後の自分には同じ気持ちを文章に乗せることはできないはずだ。

この文章にはプロになって初めて経験した大きな怪我がもたらした痛みや不安、希望や強がりが込められている。

そして、何よりも未来の自分に向けて、諦めないための誓約書のような意味合いが込められている。そうでもしないと、いつか怪我をしたことが、自分の中で大きな言い訳になってしまう気がした。プロとしてコートに立つ以上、そんな言い訳が許されるわけがない。

この文章は未来の自分に対しての誓約書であり、読者にはその立会人となってほしいと思っている。

いつか怪我を言い訳に持ち出すことがあったら、この誓約書を突きつけてやってほしい。

（2024年4月『ダブドリ』Vol.20掲載）

著者が本に載せた想い

本屋大賞

これだけ本を読んでいると、「本屋でどんな本を購入したらいいですか?」と聞かれることがあります。回数で言えば、「相手をドライブで抜き去るためにはどのようなことを意識したらいいですか?」という質問の3倍ぐらい聞かれます。

その質問相手は初対面のことも多々あり、その人がどのようなジャンルが好きで、どんなことで悩んでいるのか、本に何を求めているのかがわからない中で紹介することの難しさを感じていました。

こちらからも、頭の中に存在する本棚からどの本が適しているのかを選書する為に、質問を投げて探ってみるのですが、その人があまり本を読んだことがなくてデータが少ない場合、これまでの読書傾向や好みがわからないこともあります。

そのようなときは、必ず本屋大賞受賞作品を紹介するようにしています。

本屋大賞とは、本屋の店員さんたちによって選ばれる賞のことで、芥川賞や直木賞などと同じぐらい世間から注目を集める賞です。本屋の店員さんたちは常にさまざまな種類の作品を読んでいることに加え、どの本が売れるのかをよく理解しているため、受賞した作品は幅広い世代に楽しんでもらえます。

ここ数年の受賞作品は面白くて魅力的ではあるものの、設定や内容が少し重めの作品が受賞していました。ところがついに２０２４年は、久しぶりに読んでいて明るく元気になれる作品が受賞しました。

その作品こそが、２０２４年本屋大賞受賞作品『成瀬は天下を取りにいく』です。

この作品は宮島未奈さんが書かれた作品であり、デビュー作にして15冠を受賞しています。

かつてなく最高の主人公、成瀬あかりが周りの目を気にせず、200歳まで生きると言いきったり、M-1に親友と出場したりと、自分の気持ちに対して素直に向き合いながら徹底的に自分がやりたいと決めたことを迷わずに全力で取り組む姿を描いた物語です。

周囲から否定的な言葉を投げかけられても我が道を突き進み、それでも自分と関わってくれる人への感謝の気持ちを持ち続ける成瀬の姿には元気と勇気を与えられます。

この作品では、不思議なことに、主人公である成瀬の視点で描いた章が一つしかありません。

第五章までは成瀬と関わる人物の視点で描かれているので、成瀬あかりという人物をいろんな角度から知ることができます。そして、それぞれの登場人物が成瀬に対してどこかしら憧れや尊敬の気持ちを持っていて、読み終わってみるとどこか成瀬の見方が変わるのです。

成瀬だけではなく、成瀬に関わっている周りの人間も成長していく姿は、この作品を読んだ読者に何かを新しく始めるための一歩を踏み出す勇気やきっかけをくれるはずです。

是非、本を読みたいけど何を読んでいいかわからずに困っている方がいるならこの作品をお勧めします。成瀬は読者にいろんなことを教えてくれます。

今回はそんな成瀬の魅力を紹介しながら話を進めていきたいと思います。

成瀬の大きな魅力はこの二つだと考えます。

- 思いついたらすぐ行動する。
- 失敗を恐れずに挑戦する。

思いついたらすぐ行動する。失敗を恐れずに挑戦する。


この作品はどこか世間に一石を投じているように感じました。

今の若い世代の新しい価値観「タイパ」へのメッセージが込められているように受け取れたのです。

「タイパ」とはタイムパフォーマンスの略で、「かけた時間に対する成果」のことを指します。

短い時間で大きな成果を得ることを「タイパが高い」や「タイパが良い」と言い、やる前から時間対効果が良いものを選択する人が増えてきています。

それは正しいことだとは思いますが、そうなるとどこか面白みがなくなってしまうような寂しい気もしてしまいます。

失敗することを恐れて挑戦することすらやめてしまったり、やりたいことなのに効果だけを考えて行動に移さなかったりと、僕にもこれまでを振り返ったときに思い当たる点はいくつかあったように思います。

それが積み重なっていくと、だんだんとそれが当たり前になってきて、「時間対効果が悪い」というのを言い訳に挑戦することや行動することから逃げるようになってしまいます。

いくつかの選択肢から、最良の判断をするための要素としてタイパを気にするのは良いことだと考えますが、初めからタイパを言い訳にして行動しないのは可能性を消してしまいかねません。

そんな時、僕は効率、無駄をもう少し鈍く考えてもいいのではないかと思うことがあります。成瀬を見ていると、成功も失敗も無駄な時間も含めて、もっと自分を生きていいのではないかと思うのです。

最終章の成瀬が語り手になる章では、こう書かれています。

「やってみないとわからないこともあるからな。」
成瀬はそれで構わないと思っている。たくさん種をまいてひとつでも花が咲けばいい。花が咲かなかったとしても、挑戦した経験はすべて肥やしになる。

手術をしてから一週間ほどは膝がほとんど曲がらず感覚的にも鈍っていましたが、「1ヶ月後には松葉杖なしで立てるし、そこから少し経てば歩けているよ」と担当医から言われました。その時の自分の感覚では、そんなこと絶対に無理だと思っていましたが、実際にその担当医が言った通りになりました。

自分の感覚で判断して決めつけていたのかもしれません。決めつけずに、もっと良いイメージを持ってリハビリできていたらもう少し早く歩けるようになっていたのかもしれません。

やってみないとわからないことってあるんだなと感じました。

今もリハビリに励んでいますが、復帰してあの日のようなプレーができるとは限りません。ただ、その心配に囚われるのではなくて、いろんなことを試してみようと手術後からリハビリにピラティスを導入しました。それがいい方向へと転ぶかはわかりませんが、例えダメでも肥やしとなるはずです。不安なときこそたくさん種を蒔こうと思っています。

今から心配して不安を募らせていることほど無駄なことはないと思うので、信じて今できることに集中し続けるしかないと考えています。

怪我する前のあの日よりも、更に面白みと深みのある選手になれたらいいなと思っています。

本屋大賞からもう1作品紹介してみようと思います。

美しい証明

広島が日本一になってから数ヶ月が経ちましたが、いまだにどこかで嬉しさの中に寂しさと悔しさが混じっているように感じます。感情のレントゲンをとったならば、そこには寂しさと悔しさが白い影として映っているのではないかと思います。

そして、それは膝の怪我とは違って、時間の経過によって白い影が小さくなったり消えたりすることはないような気がしています。この感情はこれから先への大きなモチベーションになっているので消し去ろうとは思っていませんが、やりきれない気持ちはあります。

そんなときに、ある1冊に出会いました。

小川洋子さんの『博士の愛した数式』です。

この作品も、さきほど紹介した『成瀬は天下を取りにいく』と同じく、2004年に本屋大賞を受賞した作品です。

この作品は、不慮の交通事故で記憶がたった80分しかもたない天才数学者の博士と、新しく就任した家政婦とその息子の3人による、心のふれあいを美しい数式と共に描いた感動の物語です。

たくさんの数式が出てくる中で、博士の言った言葉に心が救われたように思います。

「誰よりも早く真実に到達するのは大事だが、証明が美しくなければ台無しだ」

僕が1番苦手な教科は算数、数学でした。

小学生のときにインフルエンザにかかり、喘息持ちだったことも関係したのかかなり容態が悪化し、何週間も学校を休んだことがありました。

久しぶりに登校することができた日、その日は算数のテスト日でした。数字と数字が縦に並んでいて、下の数字の頭の上には横線があったのです。分数というものでした。

僕にはその問題が一問も解けなくて、かなり恥ずかしい思いをしました。

それから算数の授業に苦手意識を持ってしまい、テストでもあまりいい点数を取れた記憶が少ないです。

特に、中学生のときに学んだ「証明」という範囲に関しては、生活でいつ使うのかもわからず、最後まで理解できないままその範囲はすぎていきました。答えは正解だったとしても証明はぐちゃぐちゃで決して美しいとは言えず、次の日に見たら自分自身でも理解のできないような証明だったりしました。

2023-24シーズンの日本一に辿り着くための証明があるとしたら、それは美しいものだったのでしょうか。

朝山さんの引退、寺嶋の怪我による途中離脱。

この2つはチームにとって、答えを導き出すための証明をさらに美しくしたのではないでしょうか。

しかし、怪我をした本人からすると、美しい証明とはお世辞にも言えたようなものではありませんでした。証明はぐちゃぐちゃで、いろいろ欠けているけれど答えだけは正解してしまったようなイメージ。

僕らしい答えの辿り着き方だと呆れてしまいます。

ただ、この物語の天才博士は言っています。

早さよりも証明の美しさが大切だと。

僕にとって、２０２３‐24シーズンの優勝はキャリアで言えばかなり早い方です。チャンピオンリングを手に入れてから引退する人は限られた一握りの人間なのに、４年目で手にしたのはかなり早い方でした。

早さよりも証明の美しさが大切なのであれば、２０２３‐24シーズンの経験は怪我した本人にとっては、決して美しいものではありませんでした。

ただこの言葉を信じていいのであれば、この日本一という経験は答えを導くための証明の一部として、時間がかかったとしても、再び日本一に辿り着いたとき、更に美しい証明となるのではないでしょうか。

そして答えについて、文章を読んでいて考えたことがあります。

「数学の真理は、道なき果てに、誰にも知られずそっと潜んでいる。しかもその場所は頂上とは限らない。切り立った崖の岩間かもしれないし、谷底かもしれない」

日本一＝答え

ではないのではないだろうか、ということ。

プロバスケ選手のほとんどの人が、日本一を本気で目指しています。でも、キャリアを終えたとき、日本一の頂に立てなかった選手はそのキャリアが不正解だったのかというと、それは絶対に違うはずです。

歩んできたキャリア全て＝答え

なのではないかと考えます。

朝山さんが身近で選手として引退したのを見たとき、日本一になったことそのものではなく、そのキャリアを終えるまでの経験の積み重ねが美しい証明を導き出したことは明らかだったように見えました。

日本一になれなくても、たくさんの人に元気や勇気を与え、本人が幸せややりがいを感じ、悔いなく終われたらそれはその人にとっての正解であり、そのキャリアが終わるまでのあらゆる時間や経験、出会いが美しい証明となるのではないでしょうか。

バスケにおいても、人生においても、数式は人それぞれ違って答えも異なりますが、どれも正解なのだと、『博士が愛した数式』を読んで感じました。

本が読みたいけど、どんな本を読んだらいいのかわからないという方には、是非本屋大賞を受賞した作品を読むことをおすすめします。今回は２００４年、２０２４年の受賞作品を紹介しましたが、他にも素晴らしい作品が受賞されていますので、きっと皆さんを手助けしてくれるはずです。

（２０２４年10月『ダブドリ』Vol.21 掲載）

ウォーミングアップ
第1Q
第2Q
ハーフタイム
第3Q

第4Q

後悔

「夢ってどうやったら叶いますか？」。オフシーズンになるとスクールのイベントや小学校訪問などで何度も質問されます。

「いっぱい努力してください」「ずっと諦めなければ必ず叶います！」みたいな言葉しか思いつかず、これで良いのかなって頭を悩ませていました。聞かれた帰りの道中で、他のB.LEAGUE選手はなんて答えるのかなと思いながら「夢　叶え方」ってGoogleで検索した日もありました。

ふりかえってみると、幼い頃から「夢」を持っている子はどこかカッコ良かったり、大人に褒められたりしていて、「夢は持つべき」みたいな風潮があったように思います。

確かに夢を持つことで何かに一生懸命になれたり、それがきっかけで素晴らしい人間関係を築けたりと良い面はたくさんあるけど、叶えたから幸せとは限らないという私見があるので100％「夢を持ちなさい！」とは言い難い。

そんなある時、「そもそも俺って夢叶えた人なんだよなぁ？」と心配になったのです。

そこで小学校の卒業文集を探し出して自分の将来の夢を確認すると、いろんな違和感を覚え始めました。どれだけ考えてもモヤモヤするのでいつものごとく書店に足を運び、本による処方箋に頼ることにしました。

そしてまた素敵な本と出会い、夢の叶え方を考えなくてはいけなかったのは僕の方だったことに気づきます。

今回はそんなお話です。

将来の夢とある違和感

お酒を嗜みながら書斎のイスに座り、小学校の卒業文集を読んでいました。

小学校の時のみんなは今元気かなーなんて懐かしさを感じながら、最初に仲の良いTくんの作文を読んでいると、どうやら「カレーライス」について書いているようでした。卒業文集で、「カレーライス」について書く人いんのかよー！（笑）と酔いながら、加湿器の機械音だけがする書斎で1人笑い声を響きわたらせていました。

そんなカレーライスになりたいなんてふざけたことを書く作文を読むのをやめてページを捲ると、汚い字で『将来の夢』と書かれたお目当ての自分の作文を見つけました。当時の自分の汚い字にイライラしながら「バスケ選手になるという夢は叶えたぞー」なんて優越感のようなものを抱きながら読み進めていきました。

恥ずかしいけど、これを読んでもらわないと話は進められないので、文集からそのまま引用したので読んでみてください。

「、」で文字数を稼ぎたかったのか数が多すぎて読んでて酔ってくる可能性があるので、気をつけてください。

『将来の夢』

寺嶋良

僕の将来の夢は、プロバスケットボール選手です。なぜ将来の夢がプロバスケットボール選手かと言うとそれは、幼稚園からバスケットをやっていて、バスケットボールは、僕にとってすごく大切で、すごく好きだからです。そしてバスケットをやっていると、いやな事などをすべて忘れてしまう気がします。

僕は、よく考えてしまうことがあります。それは、何かと言うと、僕は背が低く、力もないので、これから大丈夫なのかと言うことです。でもある時、そんな事は、大丈夫だと思う時があります。それは、アメリカには、ＮＢＡと言う世界で１番レベルの高いリーグがあります。でもそのＮＢＡでは、ほとんどの選手が２メートル以上ある選手が多いです。でもその中である１人の選手は、１６５センチメートルしかないのに、相手選手から得点を取ったりしていました。その選手から小さくても努力を続けてあきらめなければ夢は叶うと言うのを教えてくれました。なので僕もそのように、子供に夢の大切さを教えてあげられるような人になろうと思いました。なので僕は、夢を叶えるために、人の３倍努力するようにしています。そして僕は今からでも、プロになったら家族を試合会場に招待しようと今からでも考えています。なので練習を多くして夢を叶えたいです。そして夢を叶えたら、子供などに、夢の大切さを教えたり、夢を叶えるには、夢をあきらめない心と夢にむかって努力を多くすれば夢はかなうというのを教えたいと思っています。それとぼくは、これからはいつも感謝の気持ちを絶対に忘れないようにしようと思いました。

作文を読み終わってから、どっかで何かがつっかえているような感覚がありました。
何か大きな忘れ物をしたような感覚で、遠征に行く際の家を出てから最寄り駅まで歩いている時に何かを入れ忘れた気がして、「あっ！　携帯の充電器を入れ忘れた！」のときみたいな感覚に近いけど、もっと罪悪感や後ろめたさのある感じ。

作文に書いた夢を叶えた僕は満足気に酔いが進むはずだったのに「このモヤモヤは何や‼」と。それからは考え込んでもはっきりした答えがわからないので、いつものごとく本屋へ今のモヤモヤに効く特効薬となる本を探しに行きました。
そして、やっと症状にピッタリの本に出会えたのですが、その本はモヤモヤを治してくれた主作用と共に、大きな副作用までもたらすことになりました。

君と会えたから……

その本とは、好きな作家さんである喜多川泰さんの『君と会えたから……』という作品です。
喜多川さんといえば、『賢者の書』『運転者』『「手紙屋」』など、他にも素晴らしい作品を世に出していて、物語として面白いのはもちろん、自己啓発的な要素も含まれていて読了後には考え方などに影響を与えてくれるのが特徴です。

物語のあらすじを紹介します。

17歳のいたって平凡な高校生のヨウスケは、将来に対する漠然とした不安を抱えながらも、やりたいことも見つけられず、ぼんやりとした毎日を過ごしていた。ある日のこと、ヨウスケは美しく謎めいたハルカという女の子に出会う。そして父親から学んだという素晴らしい人生をおくる方法を彼女から教わり、ヨウスケもその考え方に大きな影響を受けていく。ヨウスケの成長を描いた物語ですが最後にはハルカの秘密が明らかになり読者の涙腺を刺激します。

この作品の中で特に印象に残る文章が2つありました。

●「職業を夢だと考えない方がいい」
●「ある職業に就くということは、自分の夢を実現するための一つの手段を手に入れると言うことでしかない」

この言葉が目に飛び込んできた時に、指差しで「お前だぞ」って言われているような感覚がしました。

「だって俺はプロバスケ選手になったし、試合にも出たもん」

そう思ってページをめくればいいのになぜかそのページを何度も読み返してしまうのです。

何かこの文章が引っかかる。と言うよりはどこかで潜在的に避けたがっているような感覚。

このモヤモヤをすっきりさせないと楽しくそのあとが読めないと思い、関係ないと思いつつも自分なりに整理してみることにしました。

○将来の夢→プロバスケボール選手になること。
○目　的→家族を招待したい。子供たちに夢の大切さを教えたい。

夢の大切さなんてまだ小６の自分にわかるはずなんてないのに偉そうなことをぬかしやがってといった恥ずかしさは一旦置いといて、この本に従って考えると僕は完全に職業を夢にしてしまっていました。

では職業が夢を実現するための手段だとすると、手段はプロバスケッツーボール選手になること。夢は家族をプロバスケットボール選手となり試合に招待することと子供たちに夢の大切さを語ること。

確かに目的を「夢」として変換すると、それは以前よりも具体的な夢になります。
「これが自分の本当の夢なんだな」と納得がいきました。

ただ、どうしても嫌な違和感が残るんです。
その正体には薄々気付き始めていて、考えないようにその存在を押さえ込もうとすればするほどそれはすごい勢いで膨れ上がっていきます。

ついには、その存在と向き合う覚悟を決めました。

違和感の正体

人の後悔には2通りあるとMind Hacksのヴォーン・ベルは指摘する。
やらなければよかったと思うことと、やっておけばよかったと思うこと。

僕の場合は後者でした。

話は2021年に遡ります。

あと数週間後には2021－22シーズンの開幕が控え、チームとしてもあとは仕上げの段階まで来ていました。

はじめての移籍を経験し、広島での生活にも慣れ始めていて、もう準備は整ったぞ！

プレシーズンマッチで遠征先のホテルについた時でした。

兄からの着信が携帯を震わす。

その内容は父の訃報……。

それからの数時間のことはあまり覚えていないのですが、東京行きの新幹線でなぜか父のLINEに文章を送っていました。気が動転していたこともありますし、新幹線が東京に着くころには、父の魂はこの世からいなくなってしまう気がしていたのでしょう。

既読なんて一生つくことがない文字たち。


それから数日はずっと考えていました。

自分は父から見たらどんな息子だっただろうか。

親孝行できたのかな、などなど……。

自分は親が突然亡くなっても後悔しないと思っていましたし、親孝行だってできたと思っていました。


実際、どうだったか。

後悔ばかりが浮かび上がってくるのです。


その中でも1番の後悔は、プロに入団後から1度も父を試合会場に招待しなかったこと。

広島での開幕戦は来ると言っていたし、もちろんいい席を確保してみせるつもりでした。

僕はプロバスケ選手にはなれたけど、父を招待するという目的は叶いませんでした。

ここで初めてモヤモヤの正体に気づいたのです。

夢（目的）は叶っていなかったと。

もしこの本にもう少し早く出会えていたら、「夢」を再確認し、すぐにでも家族を全員招待していたはず。

いつだって凄い巡り合わせでその時に必要なことが書かれた本が手元に届くのですが今回は違いました。

でもこの後悔や失敗を過去の出来事として風化させたくないという思いからこの場で、自分の失敗談を例にこの2つの文章を皆さんに紹介しました。

●「職業を夢だと考えない方がいい」

●「ある職業に就くということは、自分の夢を実現するための一つの手段を手に入れると言うことでしかない」

頭の片隅に留めていただけると嬉しいです。

一方で、違う視点から見れば自分は「夢が叶わなかった」と諦めている人にもう1度自分を問い直してもらいたいです。

あなたの夢（目的）は何なのか。

例えば「人を助けたい」という目的で医者を目指していたが、何らかの事情で諦めてしまったとしましょう。それでも他に、人の命を救える手段はたくさんあります。消防士、自衛隊、または弁護士やキャリアカウンセラーなどなど。

こう考えると、叶わなかったと思っていた夢は手段の1つにすぎなくて、その1つを失っただけなのかもしれません。

僕は家族全員を試合に招待することは叶いませんでしたが、夢の正体を知った今、自分にできることを全力でやっていこうと思います。それが僕にできるお父さんへの親孝行なのかもしれないな、と。

夢はいつどんな形で叶うかはわかりません。もしかしたら明日叶うかもしれないですし、もうすぐ手の届くところまできている状態なのかもしれません。

夢の正体が見えなくて不安になる時は、目的に立ち返ってみてください。あなたが叶えたい本当の夢（目的）はいろんな形で叶えることができると思います。

そして、その手段を探すことも楽しんでください。探し出した目的と手段こそが、夢の正体だと僕は思います。それに気づくことが夢を叶える一歩目だと知りました。

この文章をきっかけに新たな手段を見つけ、夢を叶えたという人がいたらこっそりと教えてください。それが筆者としての１番の喜びになります。

Ｔ君の夢

あれから数日して、再びゆっくりと卒業文集を読んでみました。

あの時、カレーライスについて書いていたＴ君の作文を読んでみましたが、一切カレーライスについて書いていませんでした。Ｔ君が書いていたのは「カーレースに出ることが夢」だと言うこと。

晩酌で酔っていたことによる読み間違えでした。

Ｔくん笑ってごめん。でもＴ君は今でも広島に遊びにきてくれているほど仲もいいので、今回は友情出演ということで笑ったことを許してほしい。

僕も人生100年時代の4分の1を迎えた今、新たに『将来の夢　第二章』でも作文用紙に書いてみるのも面白いかもしれません。

もしも、この連載が続いて、奇跡的に一冊の本として出せた時には『将来の夢　第二章』の作文用紙一枚を添付してもいいかな……。

そのタイトルは『カレーライス』。


（2022年11月『ダブドリ』Vol.15 掲載）

夢の続き

コラムを書いていると、その時その瞬間にしか書けない文章もあれば、あとになって振り返ってみた今だからこそ書ける文章があるなと思うことがあります。

今回は、ダブドリVol.15（「後悔」１６９頁）に書いた「夢」についての補足と今だから書ける違った切り口をお届けしてみたいと思います。

「夢」を諦めきれない人も諦めた人も、もうすぐ手が届きそうな人もまだ見つかってない人も、どんな人にも知っておいて損する話ではないと思うので、是非最後まで読んで貰えると嬉しいです。

出会い

まだ京都ハンナリーズに入団したばかりの頃だったと思います。

ラジオを聴いていると、すごく勇気づけられる曲が流れてきました。

その曲は、HIPPYさんという歌手の曲『君に捧げる応援歌』でした。

当時はまだそこまで有名ではなかったかもしれませんが、今ではTikTokでは1億回再生され、YouTubeでも動画再生回数1000万回を超えている曲です。


それからファンになり、「好きな曲はなんですか？」とメディアなどに聞かれるとHIPPYさんの『君に捧げる応援歌』をあげて、毎日のように練習前に聴いて自分を鼓舞していました。

すると、とあるブースターがそれをHIPPYさんに伝えてくれてSNSで繋がる機会に恵まれました。

「いつか、京都ハンナリーズの試合のハーフタイムに歌いに来てください」と伝えると、快く「是非歌わせて欲しいです」と返ってきました。


そして、それから1年後にぼくは広島ドラゴンフライズに移籍が決まり、広島出身のHIPPYさんが広島ドラゴンフライズの公式ソングを作ってくださり、開幕戦で『君に捧げる応援歌』を歌ってくださったのです。あの時に思い描いた夢が、こうして形を変えて叶ったことがただただ不思議でした。

それから、広島でも仕事やプライベートでも交流がありその時に、『君に捧げる応援歌』に込められた思いなども話してくれました。

曲の中には、

「どこに向かってんのか分からない
そんな時もあるさ　ただ走り抜けろ
夢はまた形を変えて　それでもまだ追い続けて
やめんな　チャンスが君を待ってんだから」

という歌詞があります。

HIPPYさんは「夢は形を変えて叶うこともあるんだよね」と話しながら、この歌詞がご本人の体験から生まれた言葉だったことを教えてくれました。

HIPPYさんは、もともと野球に打ち込んできた人生で、小学校の卒業文集には「夢は巨人の選手を三振にとる」と書いていたそうです。

結果的にはプロ野球選手になることはできませんでしたが、それでもずっと夢を諦めずに追い続けていた結果、歌手として、カープの始球式に呼ばれました。そして、その日にバッターボックスに立ったのが巨人の選手だったそうです。この経験をもとに、夢を追い続けていると形は変えて叶うこともあるんだと知ったそうです。

なんと感動的な話なのだと、その時に鳥肌が立ったのを今でも鮮明に覚えています。

池上彰さんの著書

テレビで報道番組を視聴していると、池上彰さんが世界で起きている事件や様々な出来事、政治について解説をしているのを観て「どうしたらここまで物事をうまく伝えられるのだろうか」と疑問を抱きました。

話し方に秘密があるのだろうか。

それとも物事を伝える順番の構成力に優れているのだろうか。

テレビに食いつくように池上さんを観察し分析しながら聞き入っていましたが、その答えはわかりませんでした。

翌日、練習帰りに本屋に立ち寄り本棚を眺めていると、池上彰さんの著書『池上彰が大切にしているタテの想像力とヨコの想像力』を発見しました。タイトルを読んで予想したのは、池上彰さんはタテとヨコの2つの想像力を意識していることで、物事を多方面から観ることができ、構成が上手なのではないだろうか。ということでした。まさにこの本には、昨日知りたかった答えが書かれているはずだと、これまでの経験と直感を信じてレジまで運びました。

実際に読んでみると、昨日の謎を解く答えは書いてありませんでした。しかし、そこには長い間知りたかった別のものの答えが書かれていました。

それこそが、ダブドリVol.15（「後悔」169頁）で書いた「夢」の本質についての補足となる答えでした。

「子どものころの夢はずっと持っていると、そのとおりにはならなくても、いつかどこかで一部でも実現することがあると思うのです。真っすぐ進まなくても、途中でよそ見や寄り道、休憩してもいい。いつか何らかのかたちで、あなたの目指す夢のゴールにたどりつくかもしれません」

先程も書いた、HIPPYさんの実体験をもとにした歌詞と似たようなことを池上彰さんは記していたのでした。

ここで僕の実体験を例に挙げてみると、2023年にこの書籍内にも対談で出演されている朝山さんが2023-24シーズンで引退をすると発表してからは、最後に優勝をして朝山さんに華を持たせて引退させるとブースターの前で宣言しました。

しかし、シーズン途中での大怪我による戦線離脱によって自分の力ではその願いは果たせなくなってしまいました。

強い責任を感じ、悔しい気持ちでいっぱいでしたが、チームの仲間たちが朝山さんと怪我をして離脱した僕の願いまで背負って戦ってくれて、リーグ優勝を果たしました。

「朝山さんのラストイヤーを優勝で飾る」という目的自体は達成することができ、夢というのは形を変えると言っているけど、誰かの願いを誰かが引き継ぐこともできたり、叶え方には色んな形があることを知りました。

誰もが夢を願った形で叶えられるとは限りません。

ただ、諦めずに自分の夢を追い続ける中で、夢が形を変えて目の前に姿を現すことがあります。

もしかすると形を変えたその夢は、もともと描いていた夢よりもさらに素敵なものなのかもしれません。

どんなことが起きても、何らかの形で自分の夢は叶うと思って走り続けることでその熱量などは人に伝染し、周りからのサポートが強くなっていき、いつか本当に叶えることができるかもしれません。

振り返ってみた時に、結果的に夢や願いを全くもって叶えられなかったとしても、また新たな夢を描いた時にそれまでの過程が大きな経験値となって手助けをしてくれるはずです。


（２０２４年12月記）

第二章の幕開け

『ドラゴンクエストIII』のリメイクバージョンが発売開始になりました。

ビックカメラの入り口で「発売開始!!」と書かれたパネル。

その横にある大きな液晶画面に映る勇者やモンスターの闘う姿。

僕は購入しませんでしたが、ある一冊の本を脇に抱えて、「そういうこともあるんだよな」

と心の中で呟きながらリピートされていく映像を眺めていました。


ドラゴンクエストをはじめとするRPGゲームをしていると、冒険の途中でさまざまなアイテムを入手することができます。その入手方法はクリア報酬や購入、他にも冒険中に出会った人物からのプレゼントだったりとさまざまです。

アイテムには、それぞれ使うべきタイミングというのが存在し、適したタイミングを見計らうのもRPGゲームの醍醐味です。中には、アイテムを入手したものの、冒険を進めていってもなかなか使うタイミングが訪れず、必要ないのではないかと思うこともあります。ところが、あるレベルに到達したときにそれが必須のアイテムだったことに気づくのです。

僕はそのとき脇に抱えている本が、まさに不必要だと思っていたものの、後に必要不可欠なアイテムであることに気づかされたのでした。

今回は、そんな経験を元に書き進めていこうと思います。

スポーツメンタル

プロアスリート＝屈強な身体で強靭な精神を備えている、というイメージを抱いている人も多くいると思います。自分自身もプロアスリートには先天性の精神的な強さや日々の鍛錬によって強くなった肉体的、精神的な強さを持ち合わせているものだと信じて疑ってきませんでした。これまでのキャリアを振り返ってみても、日本代表としての世界大会や全国大会など、大舞台で強いプレッシャーがかかる中でもそれを楽しむことができていました。プレーの中でも、残り少ない試合時間で最後のシュートをチームから託されてきました。シュートを決めて劇的勝利を収めたことも、外れて惜敗したこともあります。

ただ、どの場面においても、外したらどうしようという気持ちよりもワクワクした気持ちでコートに立てていました。それ故に、自分は比較的、強いメンタルを持ち合わせていると感じていました。そうした実体験から、これまで沢山の本を読んできたものの、メンタルについて書かれた本は自分には特に必要ないと思っていました。

そう、その日が来るまでは。

リハビリ期間の精神状態

この連載コラムを書いている現在、怪我から8ヶ月（2024年11月当時）が経過しています。そんな現在でもいまだにジョギングやランニングが元のフォームで出来ずに、右膝の内側に痛みが走ります。

MRI検査などの精密な検査を受けて、医者からは順調に良くなっているから、運動強度や負荷を制限なく上げても大丈夫だと言われていました。それを受けて、これまでは炎症が治癒していっている最中だから徐々によくなると安心していましたが、医者の言葉を聞いて喜んだ束の間、実際に身体を動かしたときの痛みを感じることによるギャップに不安と焦りが襲ってきました。

はっきりとした痛みの原因が掴めず、いろんな角度でアプローチをかけて挑戦していく中で、怪我による恐怖心も多少は影響しているのではないかと言われるようになっていきました。

2つのバスケットボールを両手でドリブルしながら走ると、上手く走れるのに、素走りだと右膝が強張って痛みが出たりするのです。精神的な部分が痛みに影響を与えているという事実は受け入れたくはありませんでしたが、その事実に向き合っていくしかありません。

家に帰って、書斎の椅子に重い腰を下ろし、天井まで並んでいる本棚の本を見上げていました。

すると、パッと一冊の本が目に入ったのでした。

キーアイテムの入手先

膝の大怪我をしてから月日が経ち、手術を終え退院した頃にB.LEAGUEの中期経営計画

（2024～2028年）の発表が東京のザ・リッツ・カールトンで行われました。

大勢の報道陣の前で島田チェアマン、岡田明さんと共に登壇し、対談をしました。


その夜、島田チェアマンにお食事に誘っていただき、焼き鳥を食べながら怪我の話、B.LEAGUEの話、これまでの経歴などについて幅広く話をしていました。

すると、偶然隣には少し前に引退された他競技のプロアスリートの方々や、メンタルケアについて研究している小塩靖崇さんなども食事をされていて、少しお話をさせていただく機会に恵まれました。貴重な経験ができた食事会だったなと満足気に帰ろうとすると、小塩靖崇さんが一冊の本を手渡してくださいました。

その本は、ご自身の著書である『10代を支えるスポーツメンタルケアのはじめ方』という作品で、メンタルケアについて国内外の研究論文などを参考文献として利用しながら誰にでもわかりやすく読みやすいように書かれている作品でした。

このときはまだ自分には無縁な本だと思っていたこともあり、読むのを後回しにしていました。この本が後に僕を助ける必要なアイテムになるとはこのときは思いもしませんでした。

レジリエンス

８ヶ月間、練習に参加できずウエイトルームなどでトレーナーと、ときには独りでリハビリをしていると、どれだけポジティブにいようとしていても、少しでも油断するとネガティブな一面が現れようとしたり、モチベーションが保てなくなったりすることがあります。

そこで初めて、バスケットボールをしているときのメンタル（精神力）と怪我をして復帰までの過程に必要となるメンタルは、大きく異なることに気づきました。その時、メンタル的な面でも本から学べることはあるのではないかと思い、以前、小塩さんからいただいた本を読んでみることにしたのです。

- 過程に目を向けると学ぶ機会が豊富に存在しています。
- プロセスを大事にすることで、それが変わる。

この言葉を読んだときに、これまでの自分自身の考え方に疑問を呈しました。
これまでの８ヶ月間で過程に目を向けて学ぼうとしてきただろうか。
プロセスから何か変えようと努力をしただろうか。

怪我をしてから現在にいたるまで、何を考えていたかというと復帰からの逆算ばかりをしてきました。怪我前の俊敏さ、加速度、跳躍力などが戻るように今の時期に何をしないといけないかを考えてプログラムを遂行するようにリハビリを重ねてきました。しかし、それは計画通りに怪我の経過が進まないと強い不安や焦りを感じてしまい、その結果無理をしすぎて悪化させたり、経過を遅らせて自分の首を締めてしまうことがあったのでした。

医者から言われた復帰の目安日から逆算して物事に取り組むことよりも、過程をもっと大切にしてそこから新しい発見や楽しさを見つけていくことが重要だと気付かされたのでした。

また、この著書を読んでいて「レジリエンス」(Resilience)という言葉に出逢いました。変形されたものが元の形に戻る復元力や弾力性という意味で使われます。この著書ではこのように綴られています。

「風に吹かれている木を想像してみてください。回復というのは強い風に吹かれても、その木が元の状態に戻ることで、しなやかな竹をイメージしてもいいでしょう。抵抗はどんなに強い風でも太い幹が全く揺らがない状態です。

そして、再構成は強風によって地上に出ている一部が折れてしまっても、そこから新たな枝を伸ばしてきれいな花を咲かせることに例えられます。」

他にも、

「大切にしたい形は〝再構成〟です。これまでの自分が想像していなかった困難な状況に陥ったとしても、そこで何かしらの失敗をしたとしても、それを種として新しい物を生み出す。」

これらの文章から、自分の考え方として、「復帰」よりも「再構成」という言葉が正しいのではないかと考えるようになりました。

復帰というのは、あの怪我前の姿に戻ることであり、再構成は、新たに何かを生み出した姿になること。

ここまでの8ヶ月を過ごしてみても、なんとなく自分自身で薄々と気付きたくなくても察し始めてきたことがあります。

怪我前のスピードと俊敏性は戻るのに時間がかかる、最悪の場合は戻らないかもしれないということ。

でも、落ち込むことは何もありません。

怪我前の姿に完全復帰ができなかったとしても、新しい面白みのあるプレーヤーに再構成できているはずだからです。

再構成による変化

では、プロセスに目を向けるようになり再構成を試みる中で、具体的にどのような変化を生み出しているのかを現段階での過程を追いながら綴ってみます。

以前は、患部である膝だけに着目して膝の動きや可動域を確認しながら患部の痛みを減らそうとしていました。それを、股関節の捻り方や可動域に着目し、上半身と下半身の連動性などから膝の負担を減らして患部の痛みを抑えていくようにトレーニング方法を大きく変えていきました。

これまでは縦の動きに強くて、横の動きに弱い。

力の伝え方は上手いが、力の伝わり方は下手。

それを縦の動きから横の動きに対応できるように強化をして、力や衝撃を身体全体で受け流せるような柔軟性を身につけられるように鍛錬を重ねています。

プレースタイルも多少は再構成が必要になってくるかもしれません。これまでは0と100の静と動で相手選手を抜き去ってきましたが、0、20、40、60、80というように、トップスピードを使わなくてもスピードの緩急によってドライブのズレを作れるようにしていけるようにならないといけないとも考えています。

このように「再構成」していく考え方や行為はプロアスリートに限らず、さまざまな境遇の方々にも活かされるのではないでしょうか。

職場で思い通りにいかなくなってしまい、八方塞がりになったときも、プライベートで行き詰まったときも、ただやみくもに耐えるのではなく、過程に変化を生み出して、再構成してみるのもいいかもしれません。過程の中で変化を起こすことがきっと結末を大きく変えるはずです。

第二章の幕開け

僕は京都でプロバスケットボール選手としてのキャリアをスタートさせて、2021－22シーズンに広島に移籍をしました。あの移籍が、寺嶋良の第二章の始まりだと思っていましたが、更に広い目で見てみると、それは小説で例えると段落が変わったくらいにしかすぎなくて、本当の第二章はこれから始まるのだと思います。

本は読者にとって、遅くもなく、早くもなく、最も必要なタイミングで現れるということを改めて感じさせられました。小塩さんに出会ったこともその著書に出会ったことも偶然ではなく必然だったのかもしれません。

「ドラゴンクエストⅢ」のリメイクが発売されてから、未だ購入できず、ダブドリの締め切りに追われながらパソコンのキーボードをたたき続けています。読者の中には、すでに「ドラゴンクエストⅢ」の冒険を全てクリアしてしまった方がいるかと思います。

次のドラゴンクエストの新作はどのリメイクが発売されるかわかりませんが、きっと数年先の話になるでしょう。その前に、このダブドリが発売された頃には寺嶋良のリメイクが公開されているのではないかと思います。

是非、新作の「寺嶋良リメイク」も楽しんでみてください。

（2025年1月『ダブドリ』Vol.22掲載）

あとがき

本書を最後まで読んでくださり誠にありがとうございます。

人生を変えた1冊だと思ってもらえるような本を出版したいなとずっと思い描いていました。実際に読み返してみると、ドラゴンクエストの話をしたり、パワプロくんを例に挙げたりと、よく打ち切りにせずにここまで連載を持たせていただいたと思います。その上、出版までさせていただき、ダブドリの編集者さんには本当に感謝しています。他にも「読学人間」が出版されるにあたり対談をしてくださった陸川先生、朝山さん、本当にありがとうございました。

書いていると自身の無意識的な心境などに気づけたりと、普段気づくことのできない自身の深い内側部分まで向き合う経験ができました。

内側の奥底にある感情などは、その瞬間にしか書くことはできず、時間の経過によって色褪せてしまうものなのでこうして文章として残すことができて本当によかったです。

この本から皆さんが何かひとつでもヒントとなることを見つけていただけたのであれば、著者としてこれほど嬉しいことはないです。

読書をしなくても人生はちゃんと豊かになっていくと思いますし、本で学ばなくてもインターネットで検索したら知りたい答えがすぐに見つかる時代で、あえて本を読む理由をぼくは改めて考えてみました。

ぼくは本からヒントになる文章を探しだし、壁（障害）となっている出来事への紐解き方を見つけていく過程を何よりも楽しんでいるのではないかと思いました。

だから今後もたくさんの壁が前に立ちはだかっても、困っている表情で内心は楽しみながら本屋を歩き回っているのではないかと思います。

いつか、体育館ではなく本屋でも会えたら嬉しいなと思います。

＊本書は『ダブドリ』連載「「寺嶋良」とは1％の才能と49％の努力と50％の読書である。」（Vol.14～22）、「インタビュー03　大好きな街、広島と　朝山正悟×寺嶋良」（Vol.19）を加筆・修正の上、書き下ろしを加えたものです。

寺嶋　良（てらしま りょう）

1997年10月23日生まれ。東京都出身。中学時代に全国大会に出場し、名門の洛南高校へ進学した。その後、東海大学に進学し、4年次はキャプテンとしてチームを牽引した。特別指定選手として、京都ハンナリーズに加入し、2021-22シーズンより広島ドラゴンフライズへ移籍し中心選手として活躍。プライベートでは読書家でオードリー若林正恭氏の大ファン。現在、ダブドリでコラムを執筆している。175cm、77kg。

読学人間

2025年2月20日　初版印刷
2025年3月 3 日　初版発行

著　　者　寺嶋　良
装　　丁　鈴木廣富
発 行 者　大柴壮平
発 行 所　株式会社ダブドリ
〒162-0067　東京都新宿区富久町38-15
電話（03）5312-6484　FAX（03）5312-6933
https://www.dabudori.com
印　　刷　株式会社亨有堂印刷所
製　　本　株式会社ブックアート

Printed in Japan
ISBN978-4-87119-630-7
落丁本・乱丁本はお取り替えいたします。

JASRAC 出 2500420-501